KB045599

데이비드에게 이 책을 바칩니다.

To The River

강물 아래, 동생에게

일러두기
본문의 *은 독자들의 이해를 돕기 위한 옮긴이 주입니다.

강물 아래, 동생에게

스스로 떠난 이를
애도하는 남겨진 마음

To
The
River

던 길모어 지음 | 문희경 옮김

21세기북스

잔잔한

강물의 찬 얼굴이

내게 키스해달라 했다.

– 랭스턴 휴스, 〈자살 노트〉

우리는 영원한 관객, 그곳을 구경하지만

그곳에서는 결코 보지 못한다. 우리가

그곳의 본질이다. 우리가 그곳을 이룬다.

그곳이 무너진다. 다시 만들고,

그러다 스스로 무너진다.

– 라이너 마리아 릴케, 〈두이노의 비가〉 제8 비가

차례

스스로 강에 들어가면서

공기가 차지만 수면제를 먹어서 그런지 몸이 무겁고 무감각해져서 추운지도 모른다. 마침 담배도 떨어졌다. 간밤에 눈발이 흩날렸다. 강에 얼음이 덮였지만, 강물의 중심은 뚫려 있고 물살이 느리다. 모자를 벗어 땅에 가만히 내려놓는다. 이른 오후 해는 이미 언덕을 넘어가고 극북의 12월이 그렇듯 어둠이 내리고 있다. 얼지 않은 중심까지는 생각보다 가깝다. 오 분쯤, 아니 십오 분이었나? 강을 물끄러미 바라본다. 오늘따라 수면이 시커멓고 변덕스럽다. 미련은 없고 그저 희미한 선율만 남는다. 한 걸음 더 내딛자 내 몸이 그만 강물에 휩쓸려 간다.

유년의 강물

어릴 때 우리 어머니는 동생 데이비드와 내게 레드강을 조심하라고 단단히 일렀다. 위니펙의 우리 집 근처에서 신비로운 분위기의 울창한 숲 너머로 흐르던 흙탕물 같은 강이다. **그 강에는 절대로 가까이 가지 마라.**

그런데 나도 모르게 그 강에 끌렸다. 친구들하고 강가의 등걸에 앉아 지포 라이터로 장난치면서 슈퍼 히어로들을 분석했다. 재산과 장난감으로만 무장한 불쌍한 배트맨. 슈퍼 파워 없는 슈퍼 히어로.

"스파이더맨이 배트맨을 파리처럼 때려잡을 수 있어."

"슈퍼맨이 스파이더맨을 파리처럼 때려잡을 수 있어."

"스파이더맨이 **크립토나이트**를 가지고 있어도?"

"토르가 둘 다 이겨."

"토르는 진짜 인간이 아니잖아."

동생은 나보다 두 살 반 어렸고, 어머니는 내게 세상의 모든 형이 겁내는 말을 자주 했다. "동생도 데리고 가." 그렇게 동생은 내 친구들 옆에 끼어 있었다. 꾀도 부릴 줄 모르고 세상에 대한 지식(비틀스는 원래 여덟 명이었는데 어떤 이유에선지 네 명이 죽은 거라고 한 친구가 우리에게 잘 안다는 듯 말했다)도 없는 꼬맹이었다. 한마디로 짐이었다.

봄에 눈이 녹으면 흙탕물 같은 레드강이 불어났다. 해마다 봄이 오면 우리는 강물이 불어나는 걸 바라보며 희망에 들뜨면서도 동시에 두려움에 사로잡혔다. 인생에서 드라마가 펼쳐지기를 기대하면서도 그 결과가 두려웠다.

우리가 태어나기도 전인 1950년 대홍수 때 레드강이 9미터 이상 불어나 순식간에 100킬로미터에 달하는 호수가 생겼다. 우리 집도 호수가 삼켜버렸지만, 그때는 다른 사람의 집이었다. 동네 사람들이 모두 대피했고, 위니펙의 수십만 명이 집을 떠나야 했다. 밥 호프*가 그해 시작한 텔레비전 쇼에서 시청자들에게 도움을 간청했다.

훗날 영국 여왕으로 즉위하는 엘리자베스 공주와 부군 에딘버러 공작이 우리 동네로 와서 재난 피해 현장을 둘러보았는데, 긴긴 세월 식민지의 피해 현장과 퍼레이드를 지켜보는 여왕의 삶이 그때부터 시작된 셈이다. 매년 봄이면 대홍수가 소환되었다. 강물이 불어나 우리 모두를 삼킬 수 있어서다.

우리가 살던 와일드 우드 파크는 레드강의 활처럼 굽은 부분에 들어앉아 있고 숲과 골프장, 남자사립학교에 둘러싸여 있었다. 여

---

* 영국 출신의 미국 희극 배우.

름철에는 학부모들이 아침에 문을 열어주면 온종일 밖에서 돌아다녔다. 종목을 바꿔가며 경기를 하고 놀았다. 야구도 하고 하키도 했다. 여럿이 뭉쳐서 놀다가 흩어지기도 했다. 땅거미가 지고 엄마들이 들어오라고 부를 때까지 놀았다.

우리는 주로 총을 가지고 놀았다.

"총싸움할까?"

누가 먼저 말을 꺼내면 다들 집으로 뛰어가 최신형 플라스틱 총을 들고 나왔다. 나랑 동생만 빼고 말이다. 엄마는 장난감 총을 허락하지 않았다. 1960년대에는 혁명적이고 환영받지 못할 방침이었다. 우리는 반경 몇 킬로미터 이내에서 가장 위험하지 않은 아이들이었다.

"엄마, 딴 애들은 다 있어요."

"넌 딴 애들이 아니잖니."

"그러면 난 어떻게 날 지켜요, 엄마?"

"막대기로 하면 되잖아."

막대기. 우리는 막대기로 무장하고 기관총과 수류탄에 대적해야 했다. 장난감 권총과 레버 액션 윈체스터 라이플, 충격을 가하면 터지는 플라스틱 수류탄 같은 아이들의 무기 중 어느 하나도 광고에서처럼 작동하지 않는다는 건 중요하지 않았다. 무기로는 막대기가 더 강했다. 그럼에도 총싸움에서 아니 실전에서는 전쟁의 영웅적 행위를 재연하는 게 중요했다. 장난감 소총을 들고 플라스틱 칼을 허리띠에 차고 층층나무 덤불 숲에서 포복하면 막대기만으로는 얻지 못할 진짜를 체험할 수 있다.

총을 사지 못한 우리 형제는 놀이의 핵심을 박탈당한 것이다.

우리는 플라스틱 총의 근사한 감촉을 느껴보지 못했다. 장난감 총은 실제로 쏘는 것보다 그 총을 내 것으로 만드는 데서 오는 기쁨이 더 컸다. 1964년에 첫 조니 세븐 OMAOne Man Army가 일곱 가지 성능(대전차 로켓, 대벙커 미사일, 연발총, 유탄 발사기, 토미건, 자동 권총, 철갑탄)을 장착하고 우리 동네에 들어왔을 때 온 동네서 군비 경쟁이 시작되었다.

부모들은 자식들에게서 쿠바 미사일 위기 이후 국방성이 의회에 내세운 주장과 비슷한 주장을 들어야 했다. 위험한 세계에서 살아남으려면 무기가 더 많이 필요하고 그러려면 돈이 더 많이 들어야 하고 그래야 민주주의를 위한 안전한 세상을 만들 수 있다는 주장을.

동생도 그렇고 나도 그렇고, 조니 세븐에서 나온 플라스틱 탄환이 총열 바로 앞에 뚝 떨어지고 수류탄은 고작 몇 미터쯤 슬로 모션으로 날아간다는 사실을 알고도 조금도 위안을 얻지 못했다. 시시콜콜 따지는 아이들이 총싸움의 서사에서 결정적인 사망 기록에 관해 지적하듯이("너 죽었어!" "아니! **네가** 죽었지!"), 진짜 수류탄이라면 수류탄을 던지는 사람이 수류탄의 표적과 함께 날아갔을 터였다.

"그런데 이건 진짜 수류탄이 아니잖아."

"진짜가 아닌데 난 왜 죽니?"

이런 식의 질문은 우리가 머물고 만장일치로 믿어야 유지되는 환상에 대한 푸코식의 해체주의로 끝이 났다. 회의론자 하나가 우리가 머무는 세계 전체를 의심하게 할 수 있었다. 우리는 전체의 합의에 따라 죽거나 살았다.

내 동생 같은 아이들은 아무리 치명적인 타격을 입어도 아무리 가까이 수류탄이 터져도 믿을 만한 목격자가 아무리 많아도 죽음을 부정했다. 플라스틱 칼이 심장을 도려낸 자리에 빨간 줄이 가 있어도 인정하지 않았다. 동생은 죽음을 부정하면서 부상을 당하기는 했지만, 치명적인 건 아니라면서 자기는 오랜 게릴라 훈련으로 가벼운 **자상**에는 면역력이 생겼다고 우겼다. 혹은 몇 시간 전에 군에서 막 개발된 보이지 않는 힘의 장을 써서 플라스틱 총알을 피할 수 있었다고 우겼다.

우리는 모두 살고 싶었다. 죽으면 게임에서 배제된다는 뜻이었다. 게임의 규칙이 아무리 모호하고 때로는 지루하고 혼란스럽고 심지어 장비를 제대로 갖추지 못했더라도, 모두가 게임에서 계속 살아남고 싶었다.

어쩌면 게임이 아니었는지도 모른다. 규칙도 없고 심판도 없고 믿을 만한 점수 체계도 없었다. 때로는 누가 죽은 건지로 말싸움을 벌이다가 몸싸움으로 번지기도 했다. 그럴 때면 우리는 전쟁터를 떠나 집으로 돌아가 거실에서 흑백텔레비전을 켜고 잭 라레인의 운동 프로그램 같은 걸 보다가 거실 바닥에 엎드려 이미 본 만화를 읽고 또 읽었다.

그러다 심심해지면 레드강의 미끄러운 강둑으로 내려갔다. 강둑에서 썩은 풀 냄새가 역하게 났다. 어떤 때는 속에 뭐가 있을지 모를 진흙에서 조그만 가재를 끄집어내 들여다보기도 했다. 한번은 작은 빈터에서 곰팡이 핀 담요와 빈 담뱃갑, 콘돔 두 개를 발견하기도 했다. 우리로서는 아직 제대로 이해하지 못할 어떤 범죄의 증거품이었다. 유명 여배우가 다녀간 흔적일 수도, 어쩌면 누구네 엄마일 수도 있었다.

우리는 그런 수수께끼를 뒤로한 채 강가의 나무를 타고 올라가 큰 나뭇가지에 걸터앉은 다음 범죄의 온상 미국에서 시체가 떠내려오지 않는지 실눈을 뜨고 찾아보았다.

여동생 앨리슨이 데이비드보다 육 년 뒤에, 나보다 구 년 뒤에 태어나자 우리 가족의 지형도가 바뀌고 데이비드는 이제 둘째가 되었다. 데이비드와 내가 한방을 써야 한다는 뜻이기도 했다. 데이비드는 별난 룸메이트였다.

어느 날 밤, 데이비드가 자다 깨서 아래층으로 내려가는 소리가 들렸다. 엄마도 그 소리를 듣고 나와 거실에서 데이비드를 보았는데, 아직 깊이 잠든 채 텔레비전에 대고 오줌을 누고 있었다. 데이비드는 베개에 머리를 박는 이상한 버릇도 있었다. 잠들려고 그러는 거라고 했지만 오히려 역효과가 날 것 같았다.

"머리 좀 그만 박아."

"잠이 안 와, 형."

"야, 이젠 나도 잠이 안 오잖아."

퍽 퍽 퍽.

우리는 한방을 쓰느라 꼼짝없이 붙어 지내야 했기 때문에, 각자의 공간과 집안일, 장난감, 음악 밴드를 놓고 늘 티격태격했다. 누가 더 대단한가. 비틀스인가 데이브 클라크 파이브인가. 나는 DC5라고 우겼다. 리프스와 캐나디언스 선수들이 가느다란 긴 막대에 매달린 마그네틱 하키 세트가 누구 건지를 놓고도 싸웠다. 둘이 함께 산타한테 선물로 받은 거였지만 어쩐지 산타가 나한테 더 많이 주려 한 것만 같았다.

어쨌든 하키 선수는 나였고, 영하 20도 얼음판에 서는 것도 나였고, 고디 하위의 책 《Hockey … Here's Howe!》를 읽은 것도 나였다. 마그네틱 하키를 하다가 퍽을 너무 세게 치면 퍽이 링크 밖으로 튕겨 나가 바닥에 굴렀다. 또 체스를 두다가 데이비드가 지고 내가 고소해할 만한 순간이 오면 데이비드가 체스판을 팔로 쓸어버리고는 게임이 끝난 게 아니니 승패가 갈리지도 않았다고 부득부득 우기기도 했다.

우리는 피아노 레슨도 같이 받았다. 인내심 많은 남자 교사가 우리에게 짧은 표준 악절을 가르쳤다. 동생이 음계에서 쇼팽으로 넘어가는 연주를 하며 눈부시게 발전하는 소리를 냈고, 나는 옆 방에 앉아 그 소리를 들으며 불공평하게 뛰어난 동생의 음악적 재능에 관해 생각했다.

나는 피아노 앞에 앉아 띄엄띄엄 음을 치면서 한 소절을 넘기고 안도하고 다음 음을 두려워했다. 세 살 가까이나 많은 내가 그렇게나 처지니 성질이 났다. 우리 집에 자리한 근사한 스타인웨이는 데이비드가 스포츠 같은 데서 실패할 때마다 도피처가 되어주었다. 몇 년 후 피아노 교사가 부모님에게 데이비드는 재능 있는 아이이니 더 좋은 교사를 붙여줘야 한다고 했다. 다른 애한테는 돈 낭비라면서.

어느 날 나는 풀이 무성한 우리 집 너른 잔디밭에서 동생을 쫓아가며 거의 따라잡고 있었다. 우리가 이 집에 들어온 지 몇 달밖에 안 되었을 무렵이었다. 터무니없이 넓은 부지에 제멋대로 지어진 육십 년 된 집인데, 예전에 살던 집에서 100미터밖에 떨어지지 않은 곳이었다. 우리 집은 와일드 우드의 전원 풍경 안에 있었다.

데이비드가 도로 옆 가로수 쪽으로 뛰어갔다. 그러더니 별안간 뒤로 넘어가 낙엽 위에 드러누웠고, 얼굴에 피가 나 겁먹은 표정이었다. 나무 두 그루 사이에 수십 년은 묶여 있었을 녹슨 철사에 걸려 넘어진 것이다. 눈 밑이 심하게 벌어져 응급실로 가야 했다. 이런 사고가 이번이 처음은 아니었다. 엄마는 그 뒤로 몇 주 동안 실명하지 않은 게 기적이라고 했다.

데이비드가 사고를 잘 당한다고도 할 수 있지만 그런 사고에는 대부분 내가 연루되어 있었다. 방에서 둘이 레슬링을 하다가 데이비드가 라디에이터에 머리를 찧은 적도 있었다. 내가 하키 스틱으로 새 둥지를 내리칠 때 하필이면 데이비드가 말벌에 쏘여 고생한 적도 있었다. 동생은 사람을 문 적 없는 옆집 개한테 얼굴을 물리기도 했다. 방학에 밴쿠버에 놀러 갔을 때는 주차 요금 징수기에 부딪혔다.

한번은 베개 싸움 중에 몇 집 아래에 사는 베이비시터 누나가 데이비드한테 내가 베개를 위아래로 흔드니 베개를 옆으로 흔들라고 훈수를 두었다. 우리는 침대에서 방방 뛰며 인형극 같은 싸움을 계속했다. 그러다 동생이 턱에 어퍼컷을 맞아 침대 밖으로 튕겨 나가더니 머리가 바닥에 떨어지면서 뇌진탕을 일으켰다.

둘이 놀다가 피를 본 일이 한두 번이 아니지만, 크리켓을 하다가 전쟁을 벌인 적도 있었다. 처음에는 서로 공을 마당 밖으로 쳐내서 도로로 굴리는 놀이였는데, 끝내는 서로에게 공을 던지고 말았다. 동생이 큰 나무 뒤에 숨었다가 나와서 '용용 죽겠지' 하고 덩

실거리며 나를 놀렸다. 나는 동생한테 공을 던졌고 묵직한 나무공이 10미터쯤 날아가면 동생은 다시 나무 뒤로 쏙 들어가 버렸다. 한동안 이런 식으로 이어졌다.

그러다 내가 공을 던지며 욕을 했고, 동생이 내 함정에 걸려들어 무릎에 공을 딱 맞고 감자 자루처럼 푹 쓰러졌다. 놀이를 시작할 때만 해도 아득하고 모호하던 미래가 갑자기 선명한 결과로 나타나면서 동생이 바닥에서 무릎을 잡고 온몸을 뒤틀었다. 지나가던 사람들이 모여들었다.

엄마가 와서 최악의 시나리오를 읊었다.

"어휴, 네가 애를 죽였어! 머리에 맞았으면 어쩔 뻔했니? 그런 생각은 해봤어? 이게 문제야. 넌 생각이 **없어**."

나는 미안한 마음에 놀이를 하나 개발했다. 내가 자전거 페달을 밟고 달리면 동생이 자전거 앞에 달린 철제 바구니에 농구공을 던지는 놀이였다.

처음에는 공이 세게 날아오기도 하고 바구니보다는 내 몸 쪽으로 더 자주 날아왔다. 내가 페달을 점점 빨리 밟으며 짓궂게 놀리자, 동생이 이제는 숫제 내 머리를 겨냥해서 농구공을 최대 속도로 던졌다. 결국엔 명중했고 난 자전거에서 떨어졌다. 난 보도에 쓰러져 흙 묻은 다리 상처를 보면서 꾸역꾸역 눈물을 참았다. 아버지가 나와서 참견을 했다.

"영리한 게임이야, 정말. 아예 자전거 바퀴에 하키 스틱을 던지지 않고? 그게 더 낫겠다."

그 순간 우리는 실제로 그런 방법을 머릿속에 그렸다.

내 다리 상처도 낫고, 동생도 다른 많은 사고에서처럼 크리켓

부상에서 회복했다. 겨울에 난 하키에 빠졌고, 동생은 서재에서 계속 그 샘나는 재능으로 피아노를 치면서 내가 음 하나하나와 씨름하는 동안 모차르트와 같은 국립음악원의 레슨을 순조롭게 연주해냈다.

나는 집 앞에서 우스꽝스럽게 생긴 새 자전거를 손보고 있었다. 나비 모양 핸들에 바나나 모양 안장, 가로대에는 수동 변속기가 달린 반짝거리는 금색의 조그만 자전거였다. 내 용돈 오십육 달러가 들어간 물건이었다.

부모님은 그 자전거를 반대했다.

"적당한 크기의 보통 자전거를 사는 게 좋지 않겠니?"

그런데 이 자전거가 유행이었다. 이름도 있었다. 로어링 로드스터였나? 일 년 만에 유행이 지나고 나면 후회할 물건이었다. 실제로 자전거를 사고 한 달쯤 지나서 부모님 말씀이 옳았다는 걸 뼈저리게 깨달았다.

로어링 로드스터는 어딘지 어설프고 믿음이 안 가고 브레이크 결함까지 있는, 이색적인 모델일 뿐이었다. 내가 그 자전거를 사야 한다면서 내세운 유일한 근거는 그 자전거에는 부모님이 이해하지 못할 멋짐이 있고 어차피 내 돈이니 내가 사고 싶은 걸로 산다는 거였다. 이제 돈은 돈대로 쓰고 곤란한 처지에 몰려 평범한 자전거를 살 돈이 없었다. 경제와 유행에 관한 비싼 수업료를 치르자 욕지기가 올라왔다. 후회막급이었다.

유일한 탈출구는 전에 타던 자전거, 믿음직한 CCM을 물려받은 세상 물정 모르는 동생에게 새 자전거가 얼마나 근사한지 세뇌

시키는 방법뿐이었다. 어떻게든 새 자전거를 예전 자전거와 바꿔야 했다.

부모님이 집을 며칠 떠나 있을 때 외할머니가 우리를 돌보러 왔다. 조지나 메인랜드 외할머니는 독실한 장로교 집에서 가까운 연합교회에 다니기는 하지만 '주일에는 카드를 치지 않는' 장로교의 정신을 고집하는 분이었다. 외할머니는 마음이 따뜻하고 부산스러운 성격에 맛없는 스코틀랜드 음식을 만들고 매사에 청결을 신봉했다. 외할머니가 집 앞에서 보도를 쓸며 찬송가 같은 노래를 흥얼거리고 있었다.

그러다 외할머니는 머리 위로, 지붕 위에서 커다란 새가 내려앉는 것 같은 움직임을 보았다. 눈을 들어보니 데이비드가 지붕 위로 기어 올라가고 있었고 욕실 창문에서 롤스크린이 떨어졌다. 데이비드는 지붕 위에서 다리를 벌리고 서서 외할머니를 똑바로 내려다보았다. 지붕 끝에 아주 가까이 붙은 채로.

"조지나 메인랜드야, 이건 하나님 음성이다. 넌 죄를 지었다."

데이비드가 굵직한 음성으로 말했다.

외할머니는 펄쩍 뛰면서 칼뱅파의 두려움에 사로잡히는 듯하다가 하나님이 아니라 다른 사람이란 걸 알아챘다. 외할머니가 위를 쳐다보자 데이비드가 얼른 뒤로 물러섰지만, 한발 늦었다.

"데이비드 **길모어**, 이놈의 자식… **썩 내려오지 못해?**"

"올라와서 절 데려가면요."

외할머니가 지붕 위로 올라갈 수는 없었다. 우선 욕실 문이 안에서 잠겨 있을 터였다.

"당장 내려와. 아니면 엄마 아빠한테 이른다."

"엄마랑 아빠는 미니애폴리스에 계세요."

외할머니는 그 말에 주춤했다. 외할머니는 검소한 사람이라 장거리 전화는 엄두도 내지 못했다. 동생이 지붕 끝에 서 있어서 다들 아찔했다. 거기서 미끄러지면 곧장 돌바닥으로 떨어지는 데다가 머리부터 떨어질 가능성이 컸다.

외할머니가 소리쳤다.

"어서 내려와, 아니면… 네 자전거를 망가뜨린다!"

"제 자전거를 **망가뜨려요?**"

우리 둘 다 그게 무슨 뜻인지 제대로 알아채지 못했다. 동생의 자전거, 아니 한 달 전 내 자전거가 집 측벽에 기대어 있었다. 외할머니가 그리로 가서는 고개를 들었다. 동생은 위험하게 기대어 지붕 끝 너머로 내려다보았다. 외할머니가 자전거를 밀쳤고, 자전거가 돌바닥에 내동댕이쳐졌다.

"외할머니, 그게 뭐."

외할머니가 다시 고개를 든 채로 자전거를 밟는 순간 뒤쪽 바퀴살이 구겨졌다.

"지금 **뭐하시는 거예요?** 아니…."

데이비드가 지붕 끝에서 허둥지둥 기어 내려왔다. 아스팔트 지붕널에서 미끄러지며 욕실 창문으로 내려오는 소리가 들렸다. 외할머니는 나무주걱을 가지러 집 안으로 뛰어들어갔고, 나는 자전거 쪽으로 몸을 움직였다. 제대로 망가져 있었다.

불과 오 분 전의 내 계획은 물 건너갔다. 안에서 한바탕 소동이 벌어졌다. 문을 쾅쾅 닫는 소리가 나면서 영국판 소동극이 벌어지고 있었다. 결국에 데이비드가 침대에서 이불을 뒤집어쓴 채로 외할머니가 나무주걱을 이용해 이불에 감싸져 있는 덩어리를 후려 치는 것으로 끝났다.

여름에 우리는 온타리오주 포트 프랜시스에서 일주일을 보내 곤 했다. 인구 9,000명이 거주하는 이 도시는 펄프와 제지가 발달 했는데, 아버지가 어린 시절을 보낸 곳이기도 하다. 동쪽으로 차로 네 시간 거리의 이 도시에서 우리는 조부모의 빅토리아풍 저택에 서 지냈다. 아버지 형제들도 각자의 식구들을 데리고 왔다.

13살의 여름에 나는 동생과 사촌 피터와 함께 로열극장에 가 서 약간 겁먹은 채 대도시에서 놀러 온 우리의 뒤통수에 꽂히는 동네 사람들의 따가운 시선을 느끼면서 스타 하나 나오지 않는 동 시상영 영화를 보았다. 그중 하나는 탈옥 영화였다.

피터와 난 할머니 집으로 돌아가 영화 속 죄수들처럼 침대보를 묶었다. 감옥 침대와 같은 2층의 선룸 침대 다리에 침대보를 묶은 다음 데이비드를 창밖으로 천천히 내려보냈다. 때마침 아래층 거 실에서는 할머니가 교회 아줌마들에게 차를 대접하고 있었다. 데 이비드는 전망창 앞에 대롱대롱 매달려 있었다. 침대보 밧줄이 아 주 짧아서 동생은 2미터쯤 아래 정원으로 떨어지고 말았다.

할머니가 뛰쳐나와서 꽃밭을 망쳤다고 데이비드를 야단쳤다. 부모님은 나를 혼냈다.

"도대체가 **넌 무슨 생각을 하는 거냐?** 10살짜리 애를 2층에서 창밖으로 내보내!"

다시 한번 위험이 자명한 사실이 되었다. 나는 생각이 짧았다고 인정했다. 한바탕 훈계가 쏟아졌다. 영화에 나온다고 꼭 **10살짜리**

동생을 데리고 해봐야 하는 건 아니다, 창밖으로 나가다가 죽은 사람이 한둘인 줄 아냐, 동네 사람들이 너희가 무슨 범죄자들 손에 자란 줄 알 거다, **기적**인 게….

일주일 후 우리는 할머니 집 어두운 현관에서 처음으로 낚시하러 갈 채비를 하고 있었다. 데이비드가 낚싯대를 들고 복도에서 캐스팅 시늉을 하다가 낚싯바늘이 귀에 걸려서 귀가 찢겼다. 아버지가 철사 가위로 낚싯바늘을 자르는 동안 동생은 울면서 서 있었다. 어쨌든 모터보트를 타고 강으로 나가 원래는 빨간색이지만 물이 빠져서 분홍색으로 변한 구명조끼를 불편하게 꿰입고 따분하게 월아이*를 기다렸다.

보트를 탄 남자 중 한 사람이 말했다.

"인생하고 비슷해. 잠깐 신나는 순간이 지나가면 더는 아무 일도 일어나지 않는 시간이 주야장천 이어지거든."

이처럼 자잘한 사고가 끊이지 않았지만, 행복한 어린 시절을 보냈다. 이런 내 동생을 떠올리는 건 어렵지 않다. 꾸밈없이 해맑고 모험을 좋아하는 어린애, 햇볕에 타지 않은 허연 살갗과 브라일크림** 시대에도 길게 기른 백금발 머리카락 등. 데이비드는 음악적 재능을 꽃피웠다. 똑똑하지만 공부 쪽은 아니었다. 중산층 방식으로 반항적이고, 혁명과는 거리가 멀면서도 머릿속 바리케이드를 연신 두드려댔다.

---

* 캐나다 지역에서 낚시꾼들에게 인기가 높은 어종.
** 헤어 왁스 브랜드.

내가 16살 때 아버지는 캐나다 앨버타주 남쪽에 있는 도시 캘거리에서 교수 제안을 받았다. 대학에서 환경디자인학과를 도입하는 역할이었는데 아버지는 그 제안을 받아들였다. 우리는 다른 곳으로 이사하고 싶지 않았다. 새 학교로 전학을 가야 하고 친구들도 새로 사귀어야 했으니 말이다. 당시 난 고등학교 3학년이고, 데이비드는 중학교 3학년이었다.

우리는 각자의 방식으로 서부를 받아들였다. 나는 틈만 나면 산에 올라가 스키를 탔다. 데이비드는 밴조를 들고 블루그래스 음악*을 연주했다. 데이비드는 블루그래스 장르를 파고들면서 잘 알려지지 않은 컨트리 음반을 집에 가져오고 그즈음 떠오르는 컨트리의 세계로 점점 빠져들었다. 에밀루 해리스, 플라잉 브리토 브라더스, 뉴 라이더스 오브 더 퍼플 세이지 등.

카우보이 부츠, 화려한 벨트 버클에 카우보이모자와 외투로 꾸민 데이비드는 스파게티 웨스턴 영화**에서 막 튀어나온 사람처럼 보였다. 동생은 머리를 어깨 아래로 기르고, 자주 웃고, 항상 담배를 물고 다니는 호리호리한 청년이었다.

우리는 캘거리 서쪽 끝으로 로키산맥이 잘 보이는 동네에 살았다. 캘거리는 북미에서 가장 빠르게 성장하던 도시로, 시내 곳곳에 크레인이 포진해서 서쪽으로 뻗어가고 있었다. 1970년대에 오일 붐이 일면서 모두가 기대에 부풀어 있었다.

우리는 같은 학교에 다니지 않아서 자주 보지 못했다. 내가 전

---

* 기타와 밴조로 연주하는 미국의 전통적인 컨트리 음악.
** 1960~1970년대에 걸쳐 양산되었던, 이탈리아에서 저예산으로 만든 미국 서부개척시대 영화.

학한 학교는 신설 학교라 아직 공사 중이었다. 난 고등학교를 졸업하고 스키를 계속 타기 위해 캘거리의 대학에 진학했다. 데이비드는 고등학교를 졸업하고 친구들과 밴드를 만들어 음악을 했다. 그리고 이런저런 특이한 직업을 전전하며 주말에는 음악을 하고 마리화나를 피웠다.

외향적인 아이는 거침없고 사교적인 어른으로 혼자 있는 걸 견디지 못하는 남자가 되었고, 실제로 혼자 지낸 적이 거의 없었다. 독립도 하고 사랑스러운 여자친구 캐롤린과 함께 살았다. 예상외로 둘은 결혼까지 갔다. 결혼하는 시대는 아니었지만 젊은 데이비드는 문화를 역행하는 청년이었다. 두 사람은 딸 아이비를 낳고 새차도 샀다.

어느 날 갑자기 동생이 어른의 모습으로 보였다. 그때 난 정신없이 여자들을 만나러 다니고, 인생을 어떻게 살아야 할지 갈피를 잡지 못하고 있었다. 그런데 동생은 어엿한 남편이자 아버지가 되어 신형 혼다를 타고 다녔다.

하지만 오래가지는 못했다. 데이비드는 가족을 사랑하면서도 음악을 위해 살고 남의 집에서 사람들과 어울리며 마리화나를 피우고 늦게 귀가했다. 결국엔 이혼하고 여러 밴드에서 연주하다가 북쪽으로 2,300킬로미터 떨어진 유콘 준주 화이트호스로 떠났다. 나는 작가가 되기로 마음먹고 동쪽으로 2,700킬로미터 떨어진 토론토로 떠났다. 같은 도시에 살면서도 가깝게 지내지 못하던 우리는 이제 이 나라의 절반쯤 되는 거리만큼 떨어져 살았다. 일 년에 몇 번 볼까 말까 하는 사이로.

어머니가 비상연락망이 되어 다들 어떻게 지내는지를 서로에게 알려주었다. 어머니가 전하는 데이비드의 소식은 늘 밝았지만, 데이비드가 우리 집 안의 골칫거리로 전락한 지는 오래되었다. 어머니가 생각하는 동생에게 어울리는 여자의 기준에 미치지 못하는 여자들 몇을 만나다가, 어머니가 보기에도 완벽하게 어울리는 여자와 오래 사귀긴 했다. 하지만 어머니가 미심쩍게 생각하는 여자와 동생은 재혼했다.

이십 년간 우리는 소원하게 지냈다. 나는 화이트호스에 가지도 않았고, 데이비드가 어떤 곳에서 사는지 궁금해하지도 않았다. 그래도 어떻게 사는지 상상할 수는 있었다. 바에서 연주하고 마리화나를 피우면서 계속 청춘으로 잘 살 것만 같았다.

사람들은 흔히 북쪽으로 올라가 자아를 찾고, 온타리오나 인디애나에서는 억압되어 펼쳐보지 못한 자기로 살아가고자 한다. 모두가 그런 매력에 빠지는 건 아니다. 음침한 첫 겨울이 오면 다시 집으로 돌아오고, 추운 날 젖은 수영복을 입듯이 예전의 삶으로 꾸역꾸역 돌아간다. 난 데이비드가 다른 건 몰라도 추위 때문에라도 화이트호스에서 돌아올 줄 알았다. 그러나 끝내 돌아오지 않았고, 거기서 이십 년을 살았다.

48살에 데이비드는 화이트호스에서 남쪽으로 30킬로미터 떨어진 알래스카 고속도로 옆에 트럭을 세워놓고 유콘강으로 걸어들어갔다. 트럭 좌석에는 나이톨이라고 쓰인 수면제 통이 비어 있었다. 카세트덱에는 캘거리에서 그가 함께한 밴드의 녹음테이프가 있었다. 연료는 거의 바닥이 난 채 창문은 열려 있었다.

그때는 12월 초인데 수은주가 영하 23도를 가리키고 있었다. 그해 겨울 들어 첫 추위가 닥친 날이었다. 유콘강 가장자리는 얼어붙었지만, 중심은 아직 얼지 않은 상태였다. 데이비드의 카우보이모자가 트럭 옆 땅바닥에 놓여 있었고, 눈밭의 발자국이 얼지 않은 강까지 이어지고 있었다.

동생은 세계를 잘 구획하고 살아가던 뛰어난 배우였다. 캘거리 사람들 절반을 알고 어느 계층하고든 편안하게 어울릴 줄 알았다. 죽기 전에 동생을 알던 사람들은 동생의 기분이 좋아 보였다고 했다. 난 동생이 강가에 서 있는 모습을, 기울어가는 오후 햇살 속 동생의 실루엣을 그려보고 동생이 거기까지 어떻게 갔을지 생각해보았다.

풍족한 은신처

2005년 11월, 동생이 강으로 걸어 들어가기 삼 주 전에 아버지와 난 프랭크 로이드 라이트의 폴링워터를 보러 펜실베이니아로 갔다. 건축가인 아버지는 1950년대 보스턴에서 대학원에 다니던 시절에 라이트의 공개 강의를 들었다고 했다. 라이트의 건축물을 보러 다녔고, 캘거리 서쪽에서 우리 집을 설계할 때도 라이트의 건축 원리를 재현하려고 했다.

하지만 폴링워터를 직접 본 적은 없어서 75세 생일을 맞아 같이 가보자고 한 터였다. 내가 그 말을 꺼내자 아버지는 눈물을 약간 비쳤다. 우리의 여행은 종교적 순례에 비할 만했다.

전에도 순례를 떠난 적은 있었다. 내가 십 대일 때 가족과 함께한 유럽여행에서 마지못해 성당들을 둘러봐야 했다. 아버지가 플라잉 버트리스*와 아치형 천장에 관해 설명하면 우리는 별생각 없이 고개를 끄덕였다. 내가 건축에 관심을 두기 시작한 계기도 아버

---

* 고딕 성당 건축의 독특한 양식인 돌출형 버팀벽.

지가 개조하거나 설계한 집에서 산 덕이었다.

건축이 우리의 행동에 영향을 끼치고 삶의 질을 개선할 수 있다는 개념이 건축사 전반에 영향을 미치면서, 가난한 사람들이 19세기 런던의 빈민굴에서 벗어나고 고상한 공공 기념물과 재앙 같은 공공주택을 개발했다. 윈스턴 처칠은 우리가 건물을 만들면 건물이 다시 우리를 만든다고 했다.

우리 가족에게 꼭 맞는 말이었다. 나는 우리 가족이 우리 집에서 만들어졌다고 믿었다. 라이트가 폴링워터에서 원하던 것이기도 해서 '미국에서 가장 유명한 집'은 아버지의 생일 선물로 완벽해 보였다.

우리는 피츠버그 공항으로 날아가서 터무니없이 큰 펜실베이니아 지도를 샀다. 출국하려는데 아버지에게 호출이 왔다. 공항에서 무료전화를 받으라는 음성이었다. 어머니가 남긴 음성 메시지였다. 때 이르게 눈보라가 몰아쳐서 나무들이 쓰러지고 전원이 끊긴 탓에 폴링워터 근처에 예약한 민박집이 문을 닫았다는 내용이었다. 그 지역 전체에 전기가 끊겼고, 폴링워터도 문을 닫았다고 했다.

아버지는 애써 태연한 척했지만 실망한 기색이 역력했다. 평소 성격답게 이번 여행을 꼼꼼히 계획했는데 공항을 나서기도 전에 모든 계획이 물거품으로 돌아간 것이다. 우리는 피츠버그 시내의 한 호텔을 찾아서 점심을 먹고 앤디 워홀 다리를 건너 관람객이 거의 없는 앤디워홀미술관을 둘러보았다. 피츠버그 태생의 근면하고 핏기 없고 아름다움에 둘러싸여 살던 그 못생긴 소년에게 헌정된 건물이었다.

모든 사진에서 워홀이 똑같이 무표정한 얼굴로 믹 재거나 헬스

튼, 에디 세즈윅 같은 인물들과 함께 서 있었다. 아버지는 내가 아는 사람 중 호기심이 가장 왕성한 분이라 앤디 워홀의 세계에 푹 빠졌지만 난 맘속으로 생각했다.

'이게 무슨 생일 선물이야?'

초저녁에 우리는 호텔 방에서 스카치위스키를 마셨고, 나는 폴링워터를 상세히 소개한 프랭클린 토커의 〈폴링워터 라이징Falling water Rising〉을 뒤적였다. 아버지는 폴링워터의 역사와 공법에 관해 때로는 출처가 불분명한 것까지 알고 있었다. 우리는 술을 다 마시고 한적한 거리를 걸으며 발길 닿는 레스토랑으로 들어갔다. 저녁을 먹으면서 아버지는 폴링워터의 캔틸레버식* 발코니의 문제점인 세월이 흐르면서 중앙이 아래로 처져서 보수해야 했던 부분과 오페라처럼 비통한 시기가 끼어 있던 라이트의 생애를 들려주었다.

아버지와 아들이 함께 다니는 이유는 부자 관계가 축구 경기나 낚시 여행으로 규정된다고 믿기 때문이다. 내가 13살을 맞은 생일 저녁에 아버지가 나만 데리고 하이스 스테이크하우스에 갔다. 일종의 통과의례였다. 나는 코듀로이 재킷에 넥타이를 매고 얼굴에는 호르몬 분출의 상징인 화산 같은 여드름을 달고 있었다.

아버지와 내가 레스토랑으로 출발하려고 할 때 10살이던 데이비드가 생일 케이크를 든 채 내 얼굴에 던지는 시늉을 했다. 코미디언처럼 장난스럽게 눈을 크게 뜨고 〈바보 삼총사〉에 나오는 코미디 삼인방의 장난과 같이 케이크를 위로 젖히다가 그만 케이크가 받침에서 미끄러져 바닥에 떨어져 뭉개졌다. 원래는 저녁을 먹

---

* 한쪽 끝은 고정되고 다른 끝이 떠 있는 건축 양식.

고 집에 돌아와 다 같이 촛불을 불고 케이크를 먹을 예정이었다. 지니스 베이커리에서 시트에 새겨준 내 이름은 깨졌고 동생은 울음을 터트렸다. 우리는 어머니에게 수습을 맡기고 짙은 색 나무와 담배 연기, 세일즈맨들의 웃음이 가득한 하이스 스테이크하우스로 향했다. 나는 적잖이 흥분되었다.

피츠버그 여행에서 우리는 데이비드에 관해 얘기했다.

"데이비드랑 언쟁하면 내가 다 졌다."

아버지는 어떻게든 데이비드를 대학에 보내려 했지만 끝내 성공하지 못했다. 아버지는 장학금으로 MIT에 다녔고, 아버지와 큰아버지 둘 다 교수였다. 일종의 가족 비즈니스였다. 어머니는 교육이 성공의 요건이라고 주문처럼 읊었지만, 데이비드는 교육이 필요 없다고 여겼다. 재능으로도 먹고살 수 있다고 믿었다.

아버지가 당신의 부모님 말씀을 떠올렸다.

"마흔이나 먹고도 담배 연기 자욱한 술집에서 주정뱅이들을 위해 연주하고 싶냐?"

데이비드는 48살이고 실제로 그렇게 살고 있지만 더는 그런 식으로 먹고살 수는 없었다.

아버지는 데이비드가 마리화나를 피우는 데에 관해서도 잔소리를 했다.

"아버지도 퇴근하고 와서 술 드시잖아요."

데이비드가 대들었다.

"그래도 아침에 눈 뜨면서 술을 마시지는 않아, 데이비드."

아버지는 이렇게 반박하면서 자기가 하는 건 불법이 아니라고 했다.

데이비드는 특이한 일들을 전전하며 살다가 최근에는 화이트 호스에 처음 문을 여는 콜스라는 대형서점에 관리자로 취직했다. 부모님 모두 기뻐했다. 밴쿠버에서 관리자 교육도 받았고, 몇 주 안에 매장이 정식으로 오픈할 예정이었다.

여동생과 나도 한시름 놓았다. 우리는 데이비드가 레이먼드 카버 소설의 인물처럼 될까 봐 걱정하던 터였다. 이제는 데이비드가 북쪽에서 안정된 직장을 구해 살아가는 모습이 그려졌다.

마음을 놓지 못하는 한 사람이 당사자인 데이비드였지만 그때는 그런 줄 알 길이 없었다. 아버지와 내가 동생의 새로운 삶을 낙관적으로 이야기하는 동안 동생은 죽음에 대한 생각 속에 맴돌고 있었던 것이다.

프랭크 로이드 라이트는 밑바닥을 치던 1934년에 폴링워터 설계를 의뢰받았다. 67살인 데다가 몇 년째 건축 의뢰가 없었던 때였다. 북미에서 그의 명성이 시들해지고 유럽인들과 유럽의 모더니즘이 들어오면서 라이트의 입지가 더 좁아졌다.

유럽인들이 내셔널리즘과 기계로서의 집을 말하자 라이트의 대초원의 감성이 갑자기 윈슬로 호머의 그림처럼 보였다. 라이트가 격분한 이유는 유럽인들이 그에게서 건축을 훔치고 그의 작품에서 형태와 아이디어를 얻어서 인류애를 탈색한 다음 미래로 포장해서 팔았다고 확신했기 때문이다.

따라서 피츠버그의 백화점 주인인 에드거 카우프만이 주말 별장을 의뢰했을 때 라이트는 한창 위기에 몰려 있었다. 그는 폴링워터를 유럽과 싸우는 전쟁터로 삼았다. 펜실베이니아 외딴곳에 자리한 그 집은 기념비적 건축물이 될 터였다. 게다가 낭비벽이 심한 라이트에게는 그 돈이 꼭 필요했다.

집의 설계를 의뢰한 건축주인 카우프만은 유명한 호색가였고, 결혼 생활이 조용히 무너지고 있었다. 그는 아들 에드거 카우프만 주니어와 가깝지 않았다. 라이트의 집들이 대개 그렇듯이 폴링워터도 침실은 작고 실용적이며 중앙에 자리한 거실이 집의 핵심 공간이었다. 널찍하고 세세한 부분이 살아 있는 무척 아름다운 공간이었다. 라이트가 카우프만 집 안의 당시 분위기에 어울리게 폴링워터를 지으려면 큰 침실 세 개와 작은 공용 공간을 설계했어야 했다. 하지만 라이트는 건축주의 세계를 자기가 만들어주려고 했고, 완벽하게 만들고 싶어 했다.

아버지도 같은 철학으로 우리 집을 설계했다. 침실은 작고 1층은 널찍하게 열려 있으며 거실에는 2층 높이로 바닥에서 천장까지 창문이 나 있었다. 난로도 라이트의 다른 건축물들처럼 중앙에 배치했다. 아버지는 마음속에 그려둔 가족의 모습, 당시 우리 가족을 위한 집을 설계한 것이다.

이튿날 아침은 상쾌하고 푸르렀다. 아버지와 난 혹시라도 문을 열었을까 싶어서 폴링워터로 가보기로 했다. 피츠버그에서 차를 이용해 남쪽으로 달리는 동안 눈 폭풍이 지나간 흔적은 거의 보지 못했다. 언덕 위로 드문드문 눈이 쌓였기는 해도 나뭇잎이 붙어 있었고 앨러게니산맥을 따라 옅은 파스텔톤 숲이 이어졌다.

구름이 다가오자 그 부근이 배경인 영화 〈디어 헌터〉의 암울한 한 장면 같은 풍경이 펼쳐지고 있었다. 소도시와 작은 마을들은 투박하고 단합이 잘되는 미식축구를 종교처럼 신봉할 것 같은 분위기를 발산했다. 폴링워터에 가까워지는데도 폭풍우의 흔적은 보이지 않았다. 그런데 폴링워터는 어떻게 문을 닫은 거지?

우리는 라이트가 91세의 나이로 세상을 떠나기 오 년 전인 1954년에 지은 켄턱 노브 앞에 섰다. 라이트가 말년에 설계한 집 가운데 하나로 폴링워터에서 8킬로미터밖에 떨어져 있지 않았다. 그의 독특한 아이디어를 곳곳에서 찾을 수 있는 집이다. 그가 '고객 방지 가구'라고 일컬은 개념을 잘 구현한, 한쪽 벽면에 길게 이어진 붙박이 소파를 만날 수 있다.

켄턱 노브의 거의 모든 요소는, 날붙이류와 접시까지 라이트가 직접 디자인한 것이다. 그는 하나의 우주를 창조했고, 집을 의뢰한 고객은 그 우주 안에서 살 뿐이었다.

우리는 기념품점에서 엽서를 샀다. 실내 사진엽서 중 한 장의 가구 배치는 라이트가 디자인한 것과 달랐다.

"누가 가구를 옮겼나 봐요, 아버지."

"그래서 폭풍우가 몰려왔나 보군."

동생들과 내가 어릴 때 살던 와일드 우드 파크는 환경이 행동에 어떤 영향을 미치는지에 관한 프랭크 로이드 라이트의 이론을 일부 구현한 유토피아적 도시 계획의 산물이었다. 라이트의 실현되지 않은 프로젝트인 브로드에이커 시티*는 건축인 동시에 사회철학 작품이었다.

---

* 1935년에 라이트(Frank Lloyd Wright)가 제안한 극단적인 저밀 도시.

물론 인간이 거주하는 더 나은 방법을 모색한 사람이 라이트만은 아니었다. 건축가 클라런스 스타인과 헨리 라이트는 뉴저지주 페어론에 래드 번*이라는 주거지 모형을 개발했다. 두 사람은 이 모형을 '자동차 시대의 도시'라고 일컫고 설계 단계부터 보행자와 교통수단은 분리하고, 집의 전면은 큰 공원을 향하도록 설계했다.

이 주거지 모형은 캘리포니아주 데이비스와 일본 오사카, 내가 자란 와일드 우드 같은 지역에 세워졌다. 와일드 우드의 집들은 세 가지 설계 요소 중에서 두 가지 요소를 조금씩 변주한 것이었다. 대부분 파스텔색으로 도장하고, 당시에는 안전하다고 알려진 석면 지붕널을 덮었다. 집에서 너른 공원이 연결되어 우리는 초록의 고립된 오즈에 살면서 외부 세계로부터 보호받았다. 주택 자체는 지극히 평범해서 1948년 건축될 당시에는 별다른 관심을 끌지 못했다. 이후 주민들이 와일드 우드의 독창적인 환경에 어울리게 집을 개조하면서 근사한 문화 거주지로 발전했다.

동생과 나는 이런 배경을 전혀 모른 채 북미 중산층의 황금기에 어린 시절을 보냈다. 그 세계, 적어도 우리가 살던 지상의 한구석은 여유로웠고, 집값은 아버지가 건축가와 교수로 일해서 버는 연봉 수준이었다. 그에 비해 현재 토론토의 평범한 이 집은 내 연봉의 열두 배가 넘는다. 성차별은 여전히 심각하지만 그래도 남자들 사이에는 경제적 평등이 넓게 확산되고 있었다. 미국의 CEO가

---

* 1차 세계대전 후 미국에서 최초로 에베네저 하워드(Ebenezer Howard)의 전원도시 개념을 적용해 건설한 신도시.

노동자 한 명이 받는 임금의 스물네 배를 벌던 시절이었다. 현재는 331 대 1이다.

경제적으로나 사회적으로나 신분 상승이라는 개념이 통하던 시절이기도 했다. 번창하는 중산층을 탄탄한 노동계급이 지탱해주고 있었다. 그들 다수가 어린 내가 보기에는 뭔가를 배달하는 일에 종사했다. 우유 배달부가 우리 집 현관 앞까지 우유를 배달해주었고, 고드는 일주일에 두 번 빵을 배달해주었다. 퀸턴 드라이클리닝의 특이한 초록색 소형 밴에 실린 아버지의 셔츠는 종이 끈을 두른 상자에 담겨서 배달되었다. 주치의인 터키인 의사는 내가 홍역을 앓을 때 집으로 왕진을 와서 이런 말을 남겼다.

"애는 살아날 겁니다."

해가 바뀔 때마다 새로운 물건이 우리 삶을 윤택하게 해주는 것 같았다. 컬러텔레비전, 크고 무겁지만 그다지 실용적이지 않은 물건으로 주방 수도꼭지에 연결해서 쓰는 식기세척기, 케이블, 자동차 파워 스티어링, 피임약, 소아마비 백신 등. 소아마비 백신의 경우 그때만 해도 우리 학교에는 다리를 심하게 절거나 강철 브래킷이 달린 소아마비 목발을 짚는 아이들이 몇 있었다. 그리고 음악, 그 모든 엄청난 음악. 폭발력. 마침 로큰롤이 순수하고도 체제를 뒤엎던 시대였다.

카멜롯*의 시대와 같은 역사적 순간에 우리 가족은 여느 교외 풍경과 비슷하지만, 알고 보면 흔치 않은 동네에 살았다. 우리 도시의 북쪽 끝은 빈곤하고 비참했지만, 동생과 내 눈에는 전혀 보이

---

* 아서왕의 성이 있었다는 전설적인 도시.

지 않았다.

우리 가족은 중산층이 꿈꾸는 가족의 모습보다도 더 그럴듯했다. 아버지는 잘생기고 교육을 많이 받았고 스타트업 건축회사의 파트너 건축가였다. 어머니는 아름답고 심지가 굳은 분이었다. 두분 다 오늘날 부모의 기준에서 보면 꽤 젊은 편이었다. 부모님은 아버지가 대학에 다니던 위니펙에서 만났다. 아버지가 외할머니 집에서 하숙하다가 그 집의 빨강 머리 딸과 사랑에 빠진 것이다. 어머니를 쫓아다니는 남자들이 있어서 아버지는 자기가 결판을 내야겠다는 판단이 섰다고 했다.

부모님의 산뜻한 모더니즘적 미적 감각으로 우리 집에는 티크 목재의 세련된 스칸디나비아 가구가 있었다. 다른 집들은 식민지 시대풍 단풍나무 식탁 세트와 속을 두툼하게 채운 꽃무늬 소파를 들여놓고 소파에 비닐 덮개까지 씌우던 때였다. 우리 집에는 하이파이와 재즈 음반이 있었고, 곳곳에 재떨이가 있었다.

동네가 친밀하고 편안해 보여서 똑같이 생긴 문 안에서 무슨 문제가 일어나든 한참이 지나도 겉으로 표출되지 않았다. 이를테면 알코올 의존증이든 우울증이든 순응의 시대 막바지에 분출한 광기의 저류이든 말이다.

내가 14살 때 우리 가족은 공원 끝 넓은 대지에 서 있는 1차 세계대전 시대의 커다란 빈티지 주택을 구매했고, 그 집에서 계속 와일드 우드의 매력을 누릴 수 있었다. 원래 그 집에 살던 나이 든 과부는 길 건너 백만장자와 결혼했다. 폭스 부인과 버드 씨였던 것 같다.

시대착오적인 집이었다. 석탄을 이용해 난로를 피우고 주방은 낡았으며 리놀륨 바닥은 닳고 닳은 데다가 벽은 톱밥을 채워 단열 처리를 한 상태였다. 실내는 어두컴컴했다. 우리 삼부자가 마룻장을 뜯자 옛 글자체로 빽빽하게 인쇄된 진지한 비니거 헤어 토닉 광고가 실린 1913년 신문이 나왔다. 아무도 선뜻 나서지 않아서 우리가 헐값에 매입한 집이었다.

아버지는 집을 뜯어고쳤다. 차고를 머드룸*으로 개조했으며, 바닥에 이탈리아 타일을 깔고 천장을 가로질러 채광창을 내서 분리된 방마다 채광이 좋게 했다. 벽은 허물어 1층을 유기적으로 흐르는 열린 공간으로 설계했다. 시간당 오십 센트씩 받은 우리 형제는 해머를 들고 회반죽과 욋가지를 내리치며 파괴적인 에너지를 벽에다 쏟아부었다. 공사가 끝나자 근사한 혼합 양식의 건축물이 완성되었다. 전통적인 대초원 양식과 모더니즘 양식의 혼합.

그 집 앞에서 우리 가족은 사진을 찍었다. 희망에 부푼 1960년대 패션의 가족은 가을 낙엽 사이에 앉고, 옆에는 반려견이 있었다. 아버지는 당시 유행했지만, 유행이 오래가지 않은 모양으로 수염을 기른 모습이었고, 난 입을 꾹 다물어 침울하고 반항적인 사춘기 소년의 모습을 하고 있었다. 여동생 앨리슨은 아직은 완벽한 5살 아이였고 여동생과 나 사이에 금발에 푸른 눈, 푸딩 같은 얼굴의 소년 데이비드가 있었다. 어머니가 없는 걸 보니 아마도 어머니가 찍은 사진인 듯했다.

어느 시대의 가족사진이든 그 시대만의 특징이 담겨 있다. 비슷

---

* 북미 전통 주택에 있는 공간으로, 귀가하면서 외투나 흙 묻은 신발을 보관하는 공간.

한 포즈와 구도에 똑같은 옷을 입고 똑같은 헤어 스타일을 하고 똑같은 기술로 찍힌 사진들. 친구네 집 옛날 사진을 봐도 놀랄 만큼 비슷하다. 짧은 머리와 체크무늬 셔츠, 듬성듬성 벗겨진 잔디밭과 집 앞 진입로에 반짝거리며 서 있는 폰티액까지. 그럼에도 우리 집 가족사진에서는 그런 분위기를 넘어서 프레임 밖에 어른거리는 무언가가 보였다. 우리를 옭아맨 재능과 한계, 적의와 연대감이 엿보였다.

나는 순수하던 어린애가 어른이 된 후의 모습을 알기에 앨범을 넘기며 롤랑 바르트가 '모든 사진에 있는 것은 다소 끔찍하다. 사자死者의 귀환이므로'라고 말한 감정에 사로잡혔다.

그 집이 그 사진의 배경에 있다. 그 독특한 집은 우리 가족이 남다르고 순응의 시대에서 벗어나 1960년대의 다양한 조류 속에서 점차 개성이 칭송받는 시대의 사람들이라는 생각을 강화해주었다. 그 집은 반추이자 확신이었다.

꾸밈없는 동생은 세상에 마음을 열었다. 난 심각하게 수줍어해서 동생을 완충 장치 삼아 내 대신 길을 묻게 하고 어른들을 상대하게 하고 소통에 필요한 일을 하게 했다. 동생은 펜싱 연습용 칼이자 손쉬운 표적이었다. 어느 날 어머니가 바느질을 하면서 시침핀이 어디로 갔냐고 물었다.

내가 순간적으로 말을 지어서 내뱉었다.

"데이비드가 삼켰어요, 엄마."

"너 정말 **삼켰어?**"

어머니가 옆에 서 있던 데이비드에게 물었다. 겨우 4살이던 데이비드는 나를 보고 고개를 끄덕이면서 장난에 가세했다.

"맙소사!"

어머니는 그길로 우리를 쉐보레 코베어 앞좌석에 태우고 병원으로 질주했다. 랠프 네이더가 《어떤 속도도 위험해 Unsafe at Any Speed》에서 장광설로 '단독 차량 사고'에 관해 늘어놓기 몇 달 전이었다. 집을 나올 때 빵을 한 덩이 집어온 어머니는 데이비드에게 빵 조각을 계속 먹여서 삼키지도 않은 시침핀이 일으킬 상처를 막아보려 했다. 차가 병원으로 달리는 동안 데이비드는 영양가 없는 흰 빵을 씹어서 밀가루 반죽으로 만든 다음 엄마의 핸드백에 집어넣었다.

우리 셋은 벤치형 시트에서 안전띠도 하지 않아 커브를 돌 때마다 옆으로 미끄러지듯 쏠렸다. 물론 엑스선 검사 사진에 시침핀은 나오지 않았다. 집으로 돌아오는 길에 어머니가 계속 따져 물었고 결국 범인은 울면서 실토했다.

동생과 나는 가족이 자동차 여행을 떠날 때 가장 사이가 좋았다. 코베어 뒷좌석은 접이식이었는데 그래서 더 안전하지 않았다. 어머니가 담요를 깔아준 덕분에 우리는 뒷자리에서 팔다리를 쭉 펴고 앉을 수 있었다. 난 책을 읽었고, 데이비드는 달리는 차에서 책을 못 읽고 멀미를 해서 심심하면 나를 귀찮게 하는 것 말고는 딱히 할 게 없었다.

나는 좌석 가운데에 보이지 않는 선을 그어 영역을 표시해놓았지만 어쩔 수 없이 넘어올 수밖에 없어서 주먹다짐이 일어났다. 차가 커브를 돌 때마다 이쪽이든 저쪽으로 미끄러질 수밖에 없어서다. 그러면 차가 먼지구름을 일으키며 갓길에 서고, 화합과 아메리카 대륙 중서부가 얼마나 먼 길인지 훈계가 이어졌다.

아버지가 다시 출발하면 우리는 누워서 사우스다코타주 블랙힐스에서 흘러가는 파란 하늘을 보았다. 우리는 수영장 딸린 모텔에 묵었다. 같이 놀 사람이 없어 수영장에서 물장구를 치고, 공 던지기를 하고, 공룡 테마 코스에서 미니 골프를 쳤다.

가끔은 미네소타주 미니애폴리스에 있는 삼촌 집에 가거나 레이니호에서 수영하려고 포트 프랜시스에도 갔다. 우리끼리 있을 때는 보드게임을 하거나 텔레비전을 봤다. 내가 영웅이고 동생이 악당인 놀이를 하기도 했다.

몇 년째 에어컨도 없이 검소한 자동차 여행을 해오던 부모님이 거금을 들여 유럽여행을 감행했다. 나는 15살이고 데이비드는 12살, 앨리슨은 6살이었다. 유럽여행 중 제네바에서 데이비드가 갑자기 사라졌다. 워낙 잘 돌아다니는 애긴 했지만 작은 도시에서 잠깐 사라진 것과 외국 땅에서 사라진 것은 다른 문제였다. 우리는 정신없이 찾아다닌 끝에 어느 야외 카페에서 스위스 남자와 징병에 관해 토론을 하던 데이비드를 찾았다.

다 같이 둘러앉아 커피를 마셨다. 그 남자는 용감한 왕자 같은 동생의 머리 모양을 놀렸다.

"내 아들이었으면 머리를 깎아서 군대에 보냈을 겁니다."

"전 아무도 죽이고 싶지 않아요."

데이비드가 시무룩하게 말했다.

여동생과 나는 어린 시절의 환경에 강렬하고 다소 낭만적인 향수를 느꼈다. 앨리슨은 위니펙의 옛집에서 한 길 떨어진 곳에 지역 건축 관광명소로 꼽히는 모더니즘 양식의 단층 목조주택에 살았다. 여동생은 어른이 되고도 그 행복한 지형도 안에서 살아간다.

나는 토론토에서 그곳을 재현하려고 했다. 아내를 어렵게 설득해 와일드 우드와 비슷한 큰 공원에 접한 길의 집을 사들였다. 그 길 끝에는 커뮤니티 하키 링크가 있는데, 어릴 때 우리 집에서 떨어진 거리와 정확히 일치하는 거리에 있었다.

어릴 때 난 토요일 새벽이면 날이 채 밝기도 전에 하키 링크까지 걸어가 선수 대기실에서 스케이트를 신고 동이 틀 때까지 다른 아이들이 속속 도착해서 시니 경기*를 시작하기 전까지 혼자 연습했다. 온종일 경기가 있었고, 아이들이 끊임없이 나가고 들어왔다. 큰 아이들과 작은 아이들, 재능 있는 아이들과 도움이 안 되는 아이들, 다른 선수에게 퍽을 패스하지 않기로 악명 높은 아이들과 동네에서 아이들을 괴롭히는 아이들까지 두루 섞여 있었다.

우리는 저녁 7시에 클럽하우스가 문을 닫고, 불이 꺼진 뒤에도 경기를 계속했다. 그러던 어느 날 골키퍼 로니 월시가 얼굴에 퍽**을 맞아서 우리가 로니를 무서운 아일랜드계 엄마한테 데려다주었다. 로니의 엄마는 경기 중에 얼음판에 뛰어들어가 상대편 아이를 때린 적도 있었다.

우리가 피 흘리는 아들을 데려가자 로니의 엄마가 문간에서 심드렁하게 말했다.

"껌껌한 데서 시커먼 퍽으로 경기를 해? 아주 천재들 나셨어?

---

* 특히 아이들이 하는 아이스하키.
** 아이스하키 경기에서 사용하는 공의 용어.

아인슈타인이 따로 없군."

"네, 월시 부인."

"어디다 대고 말대꾸야, 멍청한 꼬맹이들. 우리 불쌍한 로니 좀
봐라."

겨울밤 토론토 집에서도 보드에 퍽이 부딪히는 소리가 들리는
데, 그 소리를 들으면 마음이 편안해진다. 그런 밤이면 아내는 그
집을 너무 비싸게 주고 샀다고, 그 집을 개조하는 데 들어간 수만
달러로는 문제가 다 해결되지 않았다고, 우리가 둘러보지도 않고
사지도 않은 다른 집이 완벽했을 거라고, 아주 완벽했을 거라면
서, 어린 시절을 되찾겠다는 헛된 노력으로 비싼 돈을 들여서 그
런 집을 샀다고 나를 타박한다. 다 맞는 말이라는 생각이 드는 밤
도 있다.

하지만 여행을 싫어하고 추운 것도 싫어하던 데이비드는 우리
가 어린 시절을 보낸 지역에서 최대한 멀리 떠나 지구 끝에서 은신
처를 찾았다. 나는 동생이 우리의 완벽한 세계를 돌아보면서 무엇
을 떠올리는지 궁금했다.

우리 부자는 좋은 소식이 있을 거라는 일말의 희망을 품고 폴
링워터로 향했지만, 도로를 차단한 채 제복에 워키토키를 찬 여자
경비원과 맞닥뜨렸다. 그 여자가 주 경찰관처럼 우리 차에 다가오
더니 차창에 기댔다.

경비원이 물었다.

"폴링워터 투어 오셨어요?"

"네."

"내일 오전 9시 30분에 다시 엽니다."

아버지는 경비원의 손을 잡고 말했다.

"그 말을 들으니 얼마나 기쁜지 모르실 겁니다."

나도 한시름 놓았다. 우리는 표를 예매하고 폴링워터에서 멀지 않은 곳에 호텔을 찾았다. 한때는 사냥 별장이었을 큰 목재 건축물로 거대한 철제 수영장이 있었다. 로비 표지판에는 올림픽 수영 선수부터 타잔이 된 조니 와이즈뮬러까지 수영한 장소라고 적혀 있었다.

이튿날 아침은 선선했지만 해가 나왔다. 우리는 폴링워터 주차장에 차를 세우고 다른 관람객들과 함께 숲길을 걸었다. 마침내 그 유명한 발코니가 눈앞에 나타나고 저택이 신기루처럼 모습을 드러냈다. 우리는 집 안에 들어가 방들을 둘러보고 발코니에도 나가보았다. 견학 온 고등학교 1학년 학생들이 발코니가 무너지지 않는지 확인하려는 듯 동시에 뛰었다. 발코니 아래에는 그 유명한 폭포가 떨어졌고, 집 아래로 물이 흘러서 특유의 극적인 장관을 이루며 쏟아져 나왔다.

가이드는 우리에게 폴링워터에 얽힌 이야기를 조심스럽게 들려주었다. 아버지 에드거의 엄청난 호색 행위는 언급하지 않은 채. 에드거는 지그펠드극단의 여자들을 모두 데리고 애틀랜틱시티로 주말여행을 떠난 적도 있었다.

1950년대 초에는 디킨스 소설에 나올 법한 근사한 이름인 그레이스 스툽스라는 그의 정부가 폴링워터에서 살다시피 했다. 1952년 9월 에드거의 아내 릴리안이 폴링워터에서 수면제를 먹고 자살했다. 에드거는 삼 년 뒤 정부와 재혼한 후 얼마 지나지 않아

골종양으로 세상을 떠났다.

부모가 모두 세상을 떠난 후 아들 에드거는 목가적인 그 집에서 화목한 가정을 꾸렸다. 어머니의 별실을 '안방'으로, 아버지의 침실을 '옷방'으로 지어 두 사람이 끝내 이루지 못한 축복받은 부부의 연을 기렸다. 아버지 에드거는 아들 에드거가 "아들이 되기를 거부한다"라고 불평했는데, 은연중에 아들이 동성애자임을 드러낸 말일 수도 있었다.

아들 에드거가 아버지다운 사람은 아니었다. 그럼에도 아들은 부모가 세상을 떠난 후 아버지의 책상에 자신의 흉상을 놓고 세 가족의 초상화를 벽에 걸었다. 아버지의 호색한 본성을 상기시켰을 프리다 칼로의 관능적인 그림은 떼어냈다. 그는 라이트와 함께 건축을 공부하고 라이트의 작품에 관한 책을 여러 권 썼다. 결국 폴링워터를 웨스턴펜실베이니아보존위원회에 기증했다.

오랜 세월 많은 사람이 이곳을 방문해 독창성과 세부 양식, 따스한 석조 벽난로에 감탄하고 있다. 아버지와 나는 라이트의 신봉자들 틈에서 폴링워터를 배경으로 해 서로 사진을 찍어주었다.

우리는 이튿날 아침에 피츠버그에서 비행기를 타고 토론토로 돌아왔다. 아버지는 곧바로 캘거리행 연결편을 타야 했다. 우리는 공항에서 포옹하고 작별 인사를 나누었다. 아버지와 함께한 시간이 고맙고 아버지가 드디어 폴링워터를 볼 수 있어서 다행이었다.

몇 주 뒤 어머니한테서 전화가 왔다.

"네 동생이 실종됐다."

서점, 코카인, 실종

11월 30일, 데이비드가 화이트호스의 서점에서 관리자로 일하게 된 첫날 나타나지 않았다. 관리자 교육도 다 받았고 매장 정리까지 모두 마쳤다. 직원들도 채용하고 시스템 결함도 보완한 상태였다. 이제 문을 열기만 하면 되었다. 그런데 동생이 나타나지 않은 것이다.

이튿날인 12월 1일, 데이비드의 트럭이 시내에서 남쪽으로 30킬로미터 떨어진 알래스카 고속도로의 한 휴게소에서 발견되었다. 유콘강 마시호 다리 바로 옆 휴게소였다. 동생과 같이 일하던 여자가 트럭을 보고 처음에는 고장이 난 줄 알았다고 했다. 하지만 여드레가 지나도록 그 자리에 그대로 서 있는 걸 보고 RCMP(캐나다왕립기마경찰대)에 신고했다.

경찰이 도착했고 눈발이 가벼이 흩날리는 곳에서 트럭을 발견했다. 기름은 거의 바닥이 난 상태에 차 문이 잠겨 있지 않고 차창도 내려져 있었다. 불길하게도 데이비드의 카우보이모자가 강가에 놓여 있었다. 경찰이 데이비드의 아내 캐서린에게 연락했고, 캐서린이 우리 부모님에게 전화로 알렸다.

그리고 부모님이 토론토에 사는 내게 전화해서 데이비드가 실종됐다고 알린 것이다.

"실종이라뇨?"

"직장에도 출근하지 않았고, 집에도 없어."

"얼마나요?"

"열흘."

처음에는 동생이 결혼으로부터 도망쳐서 다른 여자와 함께 어딘가로 떠난 것 같았다. 가장 유력한 지역은 밴쿠버였다. 얼마 전에 밴쿠버에 다녀와서 그곳의 매력에 빠졌을 수도 있었다. 걱정이 들긴 했지만 컨트리나 웨스턴 음악의 가사처럼 그냥 불을 끄고 떠난 것 같았다.

어머니와 난 원래 그런 애니까 곧 돌아올 거라고 서로 안심시키려 했지만 시기가 마음에 걸렸다. 왜 서점에서 새로 구한 일자리를 놓쳤을까. 그날 여동생과 통화하면서 내심 걱정이 들었다. 밴쿠버로 간 거라면 트럭을 몰고 가지 않았을까.

RCMP에서 수색견과 구조 헬기를 이용해 그 일대를 수색했다. 강을 수색할 수도 있었지만, 강물이 이미 반쯤 얼어붙은 상태였다. 강바닥을 훑는 방법은 비용이 꽤 들 뿐 아니라 환경을 침해할 수도 있었다. 게다가 크게 도움이 되지도 않는다. 북쪽 지방에는 실종자들이 가득하다. 결혼, 직장, 동부의 안주하는 삶, 법, 이혼 수당, 자기 자신으로부터 도망친 사람들…. 동생은 이제 공식적으로 실종자였다.

일주일이 지나도록 우리 가족 누구도 동생에게 연락을 받지 못했다. 소문과 정보 사이의 불길한 틈새에서 우리는 기다렸다. 나는 화이트호스 RCMP에 전화했다. 경찰은 동생을 실종자 명단에 올려놓긴 했지만, 자살 가능성과 함께 살인이라는 말이 주는 심리적 충격을 완충하기 위한 '비열한 행위'의 가능성도 배제하지 않는다고 했다.

난 캐서린에게 연락해서 데이비드의 친구들 이름과 연락처를 물었다. 캐서린은 한 친구의 전화번호만 주었지만, 그걸로 다른 친구들에게 연락이 가능했다. 전부 모르는 이름이었다. 열두 명쯤에게 전화하는 사이 저마다의 에피소드와 믿기지 않는다는 반응이 데이지 화환처럼 연결되었다. 몇몇은 동생이 죽은 것처럼 연출해놓고 밴쿠버로 가서 살거나 멕시코로 떠났을 수도 있다고 했다.

동생의 주치의에게도 전화를 몇 번 해봤지만, 그는 사생활 보호 탓인지 회신을 주지 않았다. 동생은 건강했던 적이 없었다. 평생 담배와 마리화나를 달고 살아서 병적으로 기침을 하고, 식생활도 부실하고, 운동을 열심히 해본 적도 없었다. 어쩌면 아무에게도 밝히지 못한 심각한 병을 얻었을지 모른다.

밴쿠버에서 관리자 교육을 진행한 담당자를 찾아서 물어보니 데이비드가 교육을 모두 잘 마쳤고 즐겁게 교육에 임했다고 했다. 담당자는 당혹스러워하면서 문제가 될 기미는 전혀 보이지 않았다고 했다.

나는 데이비드의 마지막 며칠을 시간순으로 재구성해보았다. 11월 29일 리버뷰호텔에 체크인하고 그날 밤 마약을 산 것으로 보인다. 한 친구는 데이비드가 현금을 많이 소지한 걸 보았다고 했고, 마지막 두 번의 급료는 현금으로 찾은 것으로 드러났다. 캐서린은 차를 몰고 데이비드를 찾기 위해 시내를 돌다가 리버뷰호텔 앞에 트럭이 주차된 것을 보았다고 했다. 호텔 앞에 차를 세우고 로비로 들어가 데이비드가 그 호텔에 투숙했고 숙박료를 현금으로 낸 것까지 확인했다.

로비에서 호텔 방으로 전화했지만 어떤 여자가 받아서 바로 끊어버렸다. 호텔 방까지 굳이 올라가지는 않았다. 대신 쪽지를 써서 트럭 앞 유리에 끼워놓고 왔다. 캐서린은 데이비드가 하루쯤 지나면 집으로 돌아와 깊이 뉘우치며 용서를 구할 줄 알았다고 했다.

데이비드와 밴드를 같이한 레이라는 친구를 찾았다. 레이는 데이비드가 1990년대 중반까지는 술을 입에도 대지 않았다고 했다. 동생은 반문화를 철칙으로 삼은 터라 마리화나는 힙하지만 술은 딘 마틴 같은 발라드 가수나 마시는 거라고 여겼다. 그러다 중년에 술꾼들 무리에 합류한 것이다.

몇 년 후부터는 코카인에도 손을 댔다고 했다. 레이가 이렇게 말했다.

"처음엔 비터크리크 밴드에 있다가 우리 둘만 남았어요. 결혼식 반주를 다녔죠. 여자친구가 떠나자 데이비드는 몸 상태가 나빠지다가 계속 더 나빠졌어요. 간이 문제인 거 같아요. 구급차에 실려 가기도 했고요. 의사가 이대로 술을 계속 마시면 이 년에서 사 년밖에 더 살지 못한다고 통보했어요. 저랑 라디오 방송국에서 같이 일할 때도 낮술을 마셨어요. 맥주에 독주를 섞어서. 여자친구들하고도 말썽이 있었어요. 애너 메이를 만날 때도 바람을 피웠고, 캐서린과 결혼하고도 몰래 다른 사람을 만났죠. 그러면서 술을 마셨고요. 끝이 없었어요."

레이는 화이트호스에 원래는 없던 고약한 알력이 생겼다고도 했다. 그러면서 데이비드에게 무슨 일이 생겼는지는 모르지만, 경찰처럼 살인을 배제하지 않았다.

"칠팔 년 전에는 다들 서로 알고 지냈어요. 폭력이 없었죠. 그 친구는 문제를 잘 숨겼어요. 꽤 훌륭한 배우예요. 남몰래 다른 삶을 하나 더 사는 것 같았어요. 제가 아는 친구가 아니었어요. 연기를 아주 잘 했거든요"

지인들을 통해 그려본 데이비드의 초상은 모순투성이었다. 십 년간 중독이 점점 심해졌다가 이 년간 약을 끊으며 지냈고, 결국 행복을 찾은 듯하더니 다시 절망적으로 불행해하며 덫에 걸린 느낌에 시달렸다, 관계에 충실했다가 바람을 피우고 빚까지 졌다….

시간이 지나도 데이비드에게 연락이 없자 우리는 세 가지 가능성을 생각했다. 가장 낙관적인 가능성은 동생이 새 삶을 살기로 했다는 것이다. 가장 가능성이 떨어지기는 하지만 몇몇 친구는 이쪽을 믿고 싶어 했다. 동생이 알래스카나 밴쿠버, 멕시코로 가서 잘살고 있을 거라는 말이 여러 사람의 입에서 나왔다. 두 번째는 살인으로, 동생 친구들을 만났을 때 거듭 제기된 가능성이다. 세 번째는 동생이 스스로 목숨을 끊었을 가능성이다.

아버지는 데이비드를 찾으러 화이트호스로 가서 동생이 캐서린과 같이 살던 집에서 지냈다. 그때는 해가 떠 있는 시간이 여섯 시간도 안 되고 날이 몹시 추웠다. 아버지는 경찰서도 찾아가 보고 동생 친구들도 만나봤지만, 며칠간 아무것도 건지지 못한 채 돌아왔다.

가족은 말로 하지는 않아도 크리스마스에는 연락이 올 거라는 일말의 희망을 놓지 않았다. 동생이 어디론가 훌쩍 떠난 거라면 크리스마스에는 분명 연락이 올 터였다. 어머니에게 전화할 터였다. 하지만 크리스마스도 그냥 지나갔다.

유콘강이 꽁꽁 얼었다. 동생이 물속에 있다 해도 봄이 오기까지는 확인할 길이 없었다. 그래서 우리는 각자의 도시로 돌아가 기다리기로 했다. 부모님은 캘거리에서, 여동생은 위니펙에서, 나는 토론토에서.

그즈음 난 동생이 스스로 목숨을 끊었다고 생각했다. 정황상 가장 타당했다. 그냥 훌쩍 떠난 거라면 트럭을 타고, 악기도 실어 갔을 것이다. 일부 친구들의 의혹처럼 마약을 거래하다가 살해당한 거라면 트럭을 왜 거기다가 놓아두었을까? 그럴듯한 추정이지만 방향이 잘못되었다. 현장에 다툰 흔적이 없었다. 부모님과 여동생은 말없이 나와 같은 결론을 내렸다.

난 인터넷에 접속해 자살 현장 사진들을 들여다보고 관련 자료를 찾아서 읽었다. 일단 화이트호스로 가서 직접 찾아보기로 했지만, 강이 녹기까지는 그저 기다리는 수밖에 없었다.

그동안 데이비드의 친구들에게 꾸준히 연락해서 동생의 삶을 조각조각 맞춰보려 했다. 우선 데이비드의 마지막 여자친구 애너 메이를 찾았다. 둘은 팔 년을 만났다. 애너는 어머니가 데이비드에게 잘 어울린다고 합격점을 준 여자로, 문제를 척척 해결하고 요리도 잘하고 돈을 잘 다루는 야무진 여자였다.

애너는 할 수 있는 한 오랫동안 데이비드 곁을 지켰지만, 불륜과 중독을 더는 견딜 수 없었다고 했다. 결국엔 데이비드와 헤어지고 화이트호스를 떠나서 브리티시컬럼비아주 북부의 반쯤 버려진 광산 도시로 들어갔다. 그녀는 데이비드가 캐서린과 약혼한 동안에도 전화해서 자기를 데려가달라고 애원했다는 말을 들려주었다. 그래서 데이비드에게 편지를 보내 확고한 입장을 전했다고 했다. 그를 사랑하지만 지난 일을 다시 반복할 수는 없다고.

애너는 편지의 사본을 내게 보내왔다.

나도 당신이 그렇게 살고 싶어서 그러는 게 아닌 건 알아. 그래도 당신은 문제가 있어. 내가 만든 문제도 아니고 내가 치유해줄 수도 없어. 오직 당신만이, 때가 와서 준비되면 스스로 해결할 수 있을 거야.
당신은 두 개의 삶을 사는 사람 같아. 언젠가는 당신에게 필요한 도움을 받기를 바라. 당신은 문제가 있어도 아름답고 다정하고 사랑이 넘치는 사람이야. 하지만 내가 감당하기엔 벅차.

애너 메이는 내게 데이비드가 자살을 시도한 적이 있다는 놀라운 사실도 알려주었다. 애너가 떠나자 데이비드가 수면제를 먹고 지하실 소파에 누워 있었다고 했다. 딸 아이비에게 전 재산을 남긴다는 쪽지를 남긴 채. 하지만 동생은 잠에서 깨어났고, 쪽지는 구겨 버려졌다. 애너 메이가 그걸 알고 주치의에게 연락했고, 동생은 병원 신세를 잠깐 졌다.

이런 얘기는 부모님에게 전하지 않기로 했다. 무슨 일이 벌어진 건지 좀 더 확실한 소식을 알 때까지는 기다리는 편이 나을 것 같았다. 봄에 강이 녹을 즈음 다시 화이트호스로 가볼 생각이었다. 나는 4월에 RCMP에 연락해 강이 아직 얼었는지 확인했다. 5월에도 나아지지 않았다. 어쩔 수 없이 6월 첫 주에 화이트호스로 날아갔다.

화이트호스는 위도 69도 바로 북쪽에 위치한 인구 2만 8,000명의 도시다. 이곳 사람들은 유콘강의 넓은 계곡을 따라 주변 산골짜기에 흩어져서 작은 지역 사회를 이루고 살아간다. 비행기가 자정에 도착했는데 지평선엔 아직 햇빛이 은은하게 퍼져 있고 서쪽 하늘에는 잉여의 달이 유령처럼 떠 있었다.

남쪽 지방의 주간 리듬이 여기 북부의 계절로 확장되어, 길고 어두운 겨울이 가고 질 줄 모르는 여름 해가 떠올랐다. 산에는 눈의 띠가 남아 있었다. 저 아래 너른 유콘강이 휘감아 흐르며 부드러운 에메랄드그린의 강물이 도시를 둘러싼 세 개의 산에서 흘러내리는 봄의 찌꺼기를 실어 날랐다.

데이비드가 사라지고 반년이 지났지만 확실한 증거가 나오지 않아 우리 가족은 아무것도 결정하지 못하고 있었다. 아무런 소식도 없이 동생이 우리 삶에서 그냥 사라질 수도 있다는 생각마저 들었다. 동생이 여기까지 들어와 산 것도 사라지는 행위의 일부라는 생각이 들었다. 화이트호스는 외딴곳이고 여기까지 오는 데는 비용이 적잖이 든다.

데이비드는 원래 북쪽 공기가 허약한 몸에 좋고 작은 공동체에서 살면 광장공포증이 줄어들 거라고 믿는 여자와 함께 이곳으로 들어왔다. 둘 다 잘못된 기대로 드러났지만, 여자는 애리조나로 떠나고 없었다.

당시 데이비드는 캐롤린과 이혼한 지 얼마 안 된 때라 변화를 모색하고 있었다. 한동안은 여자친구와 4층짜리 오두막을 원룸 네 개로 나눠놓은 집에서 살았다. 트롤이나 마법사가 살 법한 동화 속 집 같았다.

여자친구는 집 밖에는 잘 나가지 않고 마리화나를 키우거나 책을 읽으면서 지냈다. 데이비드는 밖으로 나돌면서 밤늦게 돌아오고 여자친구에게 바깥세상의 이야기를 들려주었다. 어찌 보면 데이비드에게는 이상적인 관계였다. 독신인 양 도시를 떠돌다가 매일 밤 안정된 관계로 돌아가는.

하지만 몇 년이 지나는 사이 그런 관계도 서서히 무너지면서 여자친구는 과거의 아내나 여자친구들처럼 담배와 마리화나, 1990년대에 어디선가 처음 발견된 채소로 구성된 데이비드의 고약한 식단을 놓고 엄마처럼 잔소리를 퍼붓기 시작했다.

"요샌 아이스버그 양상추를 먹고 있어."

언젠가 동생이 딱히 비꼬는 건 아닌 투로 내게 말했다.

데이비드는 유콘과는 상극인 부류였다. 평생 실내에서 생활하면서 스포츠와 신체 활동을 멀리하고 풍경에도 무관심하고 추위를 거의 병적으로 싫어했다. 노인들처럼 따뜻한 곳을 좋아하고 창문을 다 닫은 실내의 퀴퀴한 온기가 뼛속으로 스며드는 느낌을 좋아했다. 그런데도 머나먼 외딴곳을 찾았을 테고, 유콘은 외딴곳으로 유명했다.

데이비드는 내게서 멀어졌다. 나로서는 이번이 고작 두 번째 방문이었다.

이 년 전에 데이비드의 결혼식에 참석하려고 부모님이랑 여동생과 함께 온 적이 있었다. 결혼식은 넓고 아름다운 뒤뜰에서 열렸다. 신부 캐서린이 뒤뜰 포치에 서서 베트 미들러의 〈The Rose〉를 불안하면서도 결연하게 불렀다. 썩 유쾌한 자리는 아니었다. 데이비드는 사형수처럼 보였고, 누가 봐도 비아냥거리는 투로 결혼서약을 읊었다. 캐서린은 데이비드보다 몇 살 많았고, 결혼식 전에 동생의 성을 받았고, 뉴에이지 철학이 끊임없이 샘솟는 사람이었다.

세상사에는 다 이유가 있다. 자신의 여정은 스스로 선택하는 것이다.

캐서린은 데이비드를 하나의 프로젝트로 맡았다. 데이비드의 인생에서 다른 선택지가 거의 없고 데이비드도 어느 정도는 다르게 살고 싶은 시기에 때마침 나타난 여자인 듯했다. 캐서린이 화이트호스에서 오래 살지 않아 하객이 대부분 데이비드의 친구들이었다.

캐서린은 내게 화이트호스에 관해 이렇게 말했다.

"누구든 될 수 있고 무엇이든 할 수 있는 이 나라의 최후의 보루죠."

캐서린은 월마트에서 일했다. 한 시간쯤 지나서 캐서린은 화이트호스가 어항 같은 도시라고 했다. 모두가 무슨 일을 하는지 서로 다 아는 곳이라면서. 둘의 결혼은 실용적인 결합으로 보였다. 데이비드는 재활원에 들어가는 대신 집으로 들어간 셈이다.

결혼식 저녁에 열린 피로연에서 데이비드는 여러 시기에 함께한 뮤지션 열둘과 함께 즉흥연주를 선보였다. 데이비드가 악기와 악기를 오가면서 모든 악기를 조율했다. 데이비드는 자신감이 차고 넘치는 듯 보였고, 그렇게 완벽하게 통달한 모습, 음악적 화음을 이루는 순간을 아름답게 느꼈을 것이다. 나는 여전히 동생의 재능이 부러웠다.

동생의 뮤지션 친구 하나는 내게 유콘주에서 매년 홍키통크* 피아노대회가 열리는데 데이비드가 삼 년 연속 우승했다고 말해주었다. 주최 측에서 데이비드에게 다음 해에는 다른 사람에게 기회를 넘기면 어떻겠냐고 물어와 데이비드는 그렇게 했고, 그해엔 밴조를 연주하는 대회에 출전해서 우승했다.

캐서린의 의사를 존중해 결혼식 피로연은 알코올 없이 진행해 조금 일찍 끝났다. 다음 날 우리 가족은 화이트호스를 둘러보면서 데이비드의 세계를 잠시나마 들여다보았다. 여동생과 난 공항에서 각자의 항공편을 기다리며 결혼식에 관해 이런저런 얘기를 주고받았다.

"오빠는 결혼서약을 비꼬면서 할 수 있어? 아무리 비아냥의 시대라고는 해도."

우리는 데이비드가 캐롤린과 올린 첫 결혼식 얘기를 꺼냈다. 그때도 야외에서 식을 올렸는데, 우리 집 뒤편에 개울이 흐르고 배경에 로키산맥이 어슴푸레 반짝였다. 1970년대였고, 데이비드는 머리를 뒤로 묶은 상태로 취해 있었다. 캐롤린은 귀여운 여동생들에 둘러싸여 눈부시게 빛났다. 모두 길게 흘러내리는 드레스를 입은 모습이 클림트의 미인들 같았다.

여동생과 난 이번 결혼식을 분석해보려 했다.

* 피아노로 연주하는 경쾌한 재즈 음악.

"음, 혼자 살 순 없잖아, 앨리슨."

"작은오빠한테는 캐서린이 잘 어울릴 수도 있어."

"교도관처럼?"

데이비드의 친구들 몇몇은 우리에게 두 사람이 종속적인 관계라고 했다. 그리 낭만적인 결합은 아닐지 몰라도 중년에는 다들 타협하면서 살게 마련이다.

비행기가 착륙하고 나는 공항에서 렌터카를 찾아 호텔로 향했다. 체크인할 때 프런트 데스크에서 예약 초과로 사흘만 묵을 수있다고 알려주었다. 그래도 걱정하지 말라면서 다른 호텔을 알아봐 주겠다고 했다.

내 방의 암막 커튼으로는 창문의 빛이 다 가려지지 않았다. 가장자리에서 눈부시게 빛이 새어들었다. 자정이 지났고 몸은 피로에 지쳤지만 잠이 오지 않았다. 가방을 풀고 아래층으로 내려가서 피곤하지만, 신경이 곤두선 채로 휑하고 적막한 거리를 걸었다. 한 시간쯤 지나 호텔 방으로 돌아와 운동 몇 가지를 한 다음 미니바에서 지나치게 비싼 스카치위스키를 마셨다.

호텔 방에서 텔레비전을 켜고 심야 채널을 돌렸다. 흑백 화면에서 바브라 스탠윅이 나쁜 일을 모의하고, 시트콤이 나오고, 쇠도자르는 칼을 파는 인포머셜 광고가 나왔다.

잠이 올까 싶은 기대도 없이 가만히 누워서 자다가 깨기를 반복하다가 오전 6시에 그냥 일어났다. 옷을 입고 카페로 내려가 멜론만 한 유기농 머핀을 주문하고 더블 에스프레소 두 잔을 마시면서 도시가 깨어나기를 기다렸다.

전화로 미리 오전에 RCMP와 변호사를 만나기로 약속을 잡아 놓았다. 변호사와는 데이비드의 집 문제로 상의할 게 있었다. 데이비드와 아버지가 공동 소유한 집인데 캐서린은 이제 법적으로 자기 소유라고 생각하는 것 같았다.

화이트호스는 원래 북부 원주민들의 회합 장소였다. 수천 년 전 투촌과 타기시족, 틀링깃족이 교역을 하고 유콘강으로 거슬러 올라오는 연어를 잡기 위해 화이트호스로 모여들었다. 1896년 8월 16일에는 타기시족의 스쿰 짐 메이슨과 도슨 칼리라는 남자 둘이 금을 발견했고, 이후 골드러시로 수천 명의 사무원이 남쪽 도시의 삶을 버리고 부자가 되기를 꿈꾸며 이곳의 눈밭을 헤매고 다녔다.

화이트호스에서는 여전히 1896년 8월 클론다이크 골드러시의 정신이 깃든 도시라고 주장하지만 1953년에 주도가 되었고 현재는 다리가 튼튼한 관료들, 엉터리 선구자들이 가득한 그야말로 정부 도시가 되었다.

화이트호스는 지구상에서 대기오염 수준이 가장 낮은 도시로 기네스북에 등재되었다. 교외가 뻗어 나가면서 중간에 미개척지가 넓게 자리 잡은 기묘한 형태라서, 마치 도시 계획자들이 중심부가 수량화되지 않는 비율로 확산하기를 기대한 것만 같았다.

사람들은 여전히 개척자의 꿈을 품고 화이트호스를 찾는다. 거리에는 등허리에 티베트의 상징을 문신으로 새긴 매력적인 여자들, 햇볕에 탄 얼굴과 자메이카 스타일로 금발을 땋은 젊은 남자들, 술과 마약에 절어서 하루하루를 태워버리는 모험가들이 있었다.

내가 이곳에 온 이유는 데이비드를 위해 뭘 할 수 있을지 알아보기 위해서지만 나만의 애도할 방법을 찾기 위해서이기도 했다. 그런데 생각만큼 쉽지는 않다.

전에 친구 하나가 말기 암 시한부 선고를 받고 일 년이라는 시간이 주어졌을 때 난 그 친구가 살아 있는 동안 묵묵히 애도를 시작하는 의미로 한 달에 한 번 정기적으로 포커를 치자고 제안했다. 장소를 고르는 데 나날이 공을 들였다. 토론토 호텔의 비싼 스위트룸, 나이아가라 폭포의 카지노, 어느 화가의 은신처. 그러고 나서 친구가 죽으니 생각만큼 충격이 심하지 않았다. 일 년간 친구의 죽음과 함께 살아서일 터였다.

그 친구 역시 죽음이 불러오는 실존적 차원과 실용적 차원 모두에서 죽음과 함께 살았다. 남은 가족이 먹고살 방법을 마련하고 다시는 싸구려 와인을 마시지 않겠다고 맹세했다. 친구의 시신은 집 안에서 경야經夜를 위해 안락한 의자에 앉혀졌다. 섬뜩하게 들릴지 몰라도 사실은 그렇지 않았다. 그의 육신이 죽음을 더 노골적으로 드러냈다. 그곳에 증거가 있었다. 나는 그곳에 앉아서 친구를 바라보며 압도당한 채 친구가 다시 깨어나 파티를 함께하기를 바랐다. 그리고 그 집에서 나와 차에 앉아 울었다.

데이비드의 시신이 없다면 다른 거라도 필요했다. 적어도 이 도시에서 데이비드가 어떻게 살았는지라도 알아야 했다. 나는 이제 어른이 된 뒤로는 자주 보지 못한 한 남자의 일생을 재구성해야 했다.

지인의 말말말

차를 몰고 RCMP로 간 나는 관공서 특유의 침울한 대기실에서 우울한 얼굴의 사람들 사이에 앉았다. 경찰에게 수월한 곳일 리가 없는 도시였다. 코카인과 필로폰, 값싼 농축 코카인인 크랙이 모두 여기로 올라와 중독과 폭력을 양산했다.

잠시 후 짧게 깎은 머리에 진지한 표정을 한 경관에게 불려가서 지난주에 시신이 하나 발견되었다는 말을 들었다. 12월에 강으로 걸어 들어간 사람이지만 내 동생은 아니라고 했다. 경관은 앞으로 몇 명 더 떠오를 것 같다고도 했다.

"그 강은 스스로 원할 때가 되어야 비밀을 털어놓습니다."

강이 녹아서 공중수색을 했지만, 아무것도 보이지 않았다고 했다.

그러곤 변호사 사무실에 들렀다. 유쾌하고 동정심 많아 보이는 삼십 대 여자 변호사는 캐서린이 그 집에 관해 상담했다고 전했다. 캐서린이 그 집에 법적인 관심을 표해서 집을 파는 게 불가능한 정도는 아니어도 어려워질 거라고 했다.

변호사는 유콘주의 다소 복잡한 소유권법을 상세히 설명해주었다. 데이비드가 법적으로 사망 상태가 아니라서 사정이 더 복잡해졌다고도 했다. 데이비드가 실종된 이후로는 그 집의 융자를 아버지가 대신 내주었으니 그 집을 팔아 아버지와 데이비드의 딸에게 적절한 절차를 밟아 분배할 수 있기를 바랐다. 결국은 그렇게 되었다.

변호사 사무실에서 한 시간쯤 법적 상황과 우리 가족에게 주어진 선택지를 논의한 후 차를 몰고 CHON-FM이라는 캐나다 남부 원주민 라디오 방송국으로 이동했다. 데이비드가 스태프 중에 유일한 백인으로 일한 적 있는 방송국이다. 방송국에서 일하는 데이비드의 친구 클린트는 데이비드가 죽은 것 같지 않다고 했다.

"눈밭에 찍힌 발자국 말이에요. 되짚어가서 모자랑 트럭을 남겨둔 걸 거예요. 다른 차에선 누군가 기다리고 있었을 거고요. 여자요. 알래스카나 아니면 밴쿠버로 갔을지도 모르죠."

클린트가 이야기꾼처럼 목소리를 깔고 말했다.

클린트의 말을 듣다가 데이비드가 화이트호스 외곽에서 겨울 부츠 광고를 촬영한 얘기를 들려주던 기억이 났다. 광고 감독이 방송국에 와서 원주민 목소리를 잘 입힐 사람을 찾았다. 생방송을 진행하던 몇 사람이 오디션을 봤지만, 감독이 찾는 목소리가 아니었다. 감독이 자리를 뜨려 할 때 데이비드가 말했다.

"저도 해볼게요, 괜찮으면."

데이비드는 방송국 관계자들이 찾는 전형적인 목소리인 현명한 노인의 목소리로 대본을 읽으며 북쪽 지방의 극한 날씨에서 그 부츠를 신는 것의 미덕을 극찬했다. 그야말로 목소리가 잘 맞아서 광고에 채택된 것이다. 그 일이 몇 년간 이어졌고 가끔 밤늦게 텔레비전을 보다가 뜬금없이 완벽하게 모방한 동생의 목소리를 듣곤 했다.

"제가 사는 고장에서는⋯."

클린트는 듣기 좋은 음성으로 말하는 사람이었다. 그는 데이비드가 밤늦게까지 일하는 날이 있었다고 했다.

"그 친구는 집에 가려고 서두르지 않았어요."

맥주 여섯 병을 사 와선 자기 자리에서 조용히 마셨다고 했다.

방송국에서 나와 시내를 천천히 걸었다. 걸어서 다 닿을 정도로 아주 작은 도시였다. 맥스 파이어워드 서점에 들러 이 지방의 역사와 주변 경관에 관한 책을 몇 권 샀다. 주류점에선 와인도 한 병 고르고. 건강식품점에서 수면에 도움이 되는 허브 수면 보조제를 사면서 둘 중 하나라도 효과가 있기를 바랐다.

오후에는 데이비드가 연주하던 블루문 살룬에 갔다. 문 위에 1950년대풍 춤추는 커플 그림이 걸려 있는 허름한 건물이었다. 술집 앞에 사람들 몇이 어슬렁거리며 담배를 피우고 있었다. 다들 비쩍 말라 보이는 데다가 그리 활기찬 분위기는 아니었다. 문신이 많고 몸 여기저기에 반창고가 붙어 있기도 했다. 남자들은 혼자 서 있고, 여자들은 삼삼오오 모여 있었다.

술집 안으로 들어서자 적갈색이 눈에 들어왔다. 테이블 하나에 남자 몇 명과 여자 하나가 둘러앉아 있었다. 그중 셔츠 단추를 다 풀어헤친 한 남자의 묵직한 배가 벨트 버클 위에 걸쳐 있었다. 얼굴은 마치 누가 레몬 껍질을 벗기는 박피기로 긁어놓은 양 벌겋고 약해 보였다. 그들은 칠면조를 화로에서 요리하는 방법에 대해 논쟁 중이었다.

내가 술집 매니저에게 데이비드의 형이라며 인사를 건네자 그녀는 무슨 말을 해야 할지 모르겠는 표정을 지었다.

"좋은 뮤지션이었어요."

그녀가 고개를 주억거리며 말했다.

데이비드는 수백의 밤에 여남은 개의 테이블이 놓인 홀 앞의 무대에서 연주했다. 대학 때 드나들던, 캘거리 동부의 학생들을 위한 지저분한 싸구려 술집이 생각나는 곳이었다. 싸고 다채롭고, 그때는 나름 제대로 된 술집인 줄 알았다. 하지만 낮에는 테이블 앞에 늘어져 생맥주를 홀짝이며 해묵은 모욕과 영웅담이나 주절거리고 밤이면 싸구려 여인숙으로 자러 들어가지 않는 처지라야 그런 것도 낭만이 된다.

데이비드를 보러 캘거리 동쪽의 킹에드워드호텔에 찾아간 적이 있었다. 데이비드는 늘 그런 장소에 매료되는 듯했다. 가족이 모두 캘거리에서 모일 때도 동생 혼자 사라지곤 했는데, 캘거리 동쪽의 허름한 술집 셰실에서 술을 마시고 있었다. 밴드와 같이 있을 때도 있었다.

블루문의 매니저와 잠시 얘기를 나누고는 그 옆에 붙어 있는 주류점에 갔다. 데이비드의 친구 애들린이 일하는 곳이었다. 우리가 얘기하는 동안 손님 몇이 들어와 맥주와 진, 담배를 사 갔다. 모두가 돈을 내지 않았다. 애들린이 계속 그들의 외상장부를 기록했다.

"살인이에요."

매장에 아무도 없는데도 애들린은 **목소리를 낮췄다.** 데이비드가 1990년대에 코카인에 중독되었고, 갈수록 심해지는 것을 자기가 옆에서 지켜보았다고 했다. 휠체어를 타고 다니는 돼먹지 못한 마약상이 하나 있는데, 데이비드가 가끔 그에게 마약을 샀다고 했다. 애들린은 더 말하지는 않았지만, 그 남자가 데이비드를 해쳤을 수도 있다고 넌지시 알렸다.

애들린은 데이비드가 블루문에서 연주하다가 중간에 두 블록 밖에 떨어져 있지 않은 유콘강으로 내려가곤 했다고도 했다. 클론다이크 골드러시 시절에 물자를 실어 나르던 협궤철로를 건너 비탈진 강둑을 내려간 다음 강가의 길게 뻗은 모래밭에서 거닐었다고 했다. 코로나 맥주 몇 병과 마리화나, 여자를 데리고 가서 강가에 앉아 있었다고도 했다. 아마 은신처였던 셈이다.

"그 친구가 어떤 담배를 사 가는지 보면 어떤 여자를 데려가는지 알 수 있었어요."

11월 30일에는 데이비드가 잠깐 인사하러 들렀다고 했다. 아무것도 사지 않았고, 기분이 좋아 보였다고 했다. 그날 애들린에게 마약 거래로 유명한 곳이자 싸구려 술집의 **막장**인 '더 98'에 간다고 했다. 그러나 그 뒤로 아무도 데이비드를 보지 못했다.

애들린이 그 지역의 마약에 관해 아는 거라고는 일반적인 수준이었고 그저 불길한 예감으로 말하는 것일 뿐이었다. 더 캐물어도 그 이상 구체적인 얘기는 나오지 않았다. 애들린은 나를 꼬치꼬치 캐묻는 외지인으로 보았다. 옳게 본 것이다.

애들린은 데이비드가 마약 세계의 누군가에게 살해당했을지도 모르지만, 한동안은 마약에 손을 대지 않은 것 같다고도 했다. 여자하고 도망쳤을 수 있다고도 했고, 불길한 듯 자기가 누구한테 데이비드에게 돈이 있다고 말했다고도 했다. 말하지 말아야 할 사람에게 말했다는 것이다.

"이 도시에는 그런 사람이 좀 있는 거 같더군요."

"꽉 찼죠, 애들린."

"맞아요, 꽉 찼어요."

데이비드와 난 여러 면에서 정반대였고, 어머니의 양육 방식이 의도치 않게 우리를 더 멀어지게 했다. 어머니는 텔레비전 시청 시간을 일주일에 열 시간으로 제한했다. 지금 보면 지나치게 엄격한 것 같지만 당시엔 채널이 세 개밖에 없었다. 심지어 그중 하나는 프랑스어 방송이었다. 흑백 화면이고, 손으로 안테나를 만져서 수신 상태를 조정하던 시대에는 일주일에 괜찮은 프로그램을 열 시간 보는 것도 쉽지 않았다.

〈에드 설리번 쇼〉, 〈길리건 아일랜드〉, 〈U.N.C.L.E에서 온 남자〉, 〈미션: 임파서블〉을 보고서도 만화 볼 시간이 여섯 시간 삼십 분이나 남았다. 하지만 어머니는 〈벅스 버니〉만큼은 등장인물이 모두 나무망치로 두드려 맞고 산탄총에 날아간다는 이유로 못 보게 했다. 그래도 어머니가 항상 감시하는 건 아니라서 우리는 친구네 집에 가서 보았다.

난 평생 텔레비전을 딱히 좋아하지는 않은 반면 데이비드는 텔레비전에 중독되었다. 텔레비전을 끼고 살면서 영화와 텔레비전 시리즈 비디오를 어마어마하게 수집했다. 머릿속에 플롯과 캐릭터, 억양을 수백 가지 넣어 가지고 다니면서 프로그램에 나온 말을 자주 인용하고 식상한 표현은 거의 쓰지 않았다.

어머니는 집에 청량음료를 놓지 않았다. 총이나 텔레비전과 마찬가지로 설탕에 대해서도 시대에 앞서서 누가 알아주든 말든 혼자서 투쟁했다. 동네 아이들이 모두 오렌지 크러시 같은 음료수에 빠져 허우적대던 시대에, 의사들이 카멜 담배를 권장하는 잡지 광고가 중단된 지 얼마 안 된 때에 우리 집은 청량음료를 사 먹지 않았다. A&W 햄버거집에 갈 때는 반투명한 머그컵에 루트비어를 담아 마셨고, 청량음료는 미국으로 자동차 여행을 떠날 때만 허락되었다.

소도시 잡화점에 들르면 빨간색 철제 냉장 박스가 있고 덮개를 열면 얼음물 속에 낯선 브랜드가 있었다. 각자 하나씩 골랐고, 우리는 그 환타와 크림 소다를 아껴 마셨다. 자라면서 난 청량음료에 대한 흥미를 잃었다. 데이비드는 성인이 되어 매일 커피 대신 펩시콜라 500밀리리터로 하루를 시작하고 온종일 입에 달고 살았다.

어릴 때 데이비드는 단것에 중독되었다. 백설탕을 숟가락으로 퍼먹기도 했다. 어머니가 집에서 단 음식을 가까이 놓지 않아 단것이 없으면 친구네 엄마들한테 쿠키나 캔디를 구하러 집집마다 돌아다녔다. 한동안 어머니는 데이비드에게 '설탕 돼지에게 먹이지 마세요'라고 적힌 푯말을 걸어주었다.

데이비드는 케이크 한 조각이 앞에 있으면 겉면의 시트를 먼저 먹고 속에 있는 빵을 쳐다보고만 있던 데 반해, 난 속의 빵만 교묘히 빼먹고 시트는 그대로 남겨서 설탕과 버터로 된 기둥 두 개가 나란히 서 있는, 두툼한 가로선이 연결된 형체를 남겼다. 우리의 접시를 맞춰보면 서로 꼭 들어맞았다.

데이비드는 물론 내 시트를 먹고 싶어 했다. 포크로 내 시트를 몰래 먹으려고 하면 내가 간단히 막아냈다. 그러면 동생은 울었고 부모님은 인생에서 균형이 얼마나 중요한지 훈계했다. 이상하게도 자라면서 단것을 좋아하던 동생의 식성은 펩시를 제외하고는 사라졌고, 나는 뒤늦게 존스 초콜릿에 중독되었다. 마치 동생이 단 음식에 대한 중독을 나한테 물려주고 자기는 다른 중독으로 넘어간 것만 같았다. 언제부턴가 골초가 마흔 번째 담배에 끌리는 것과 같은 역학적 쾌락에 이끌려 하루에 킷캣 다섯 개를 먹기 시작했다.

어릴 때 난 운동을 좋아해서 끊임없이 운동을 한 반면 동생은 운동을 피했다. 나는 닥치는 대로 책을 읽는 반면 동생은 텔레비전을 더 좋아했다. 나는 음악적 재능이 없고, 동생은 뛰어난 재능을 타고났다.

부모님은 의무적으로 우리를 연합교회 지하의 컵스카우트에 가입시켰다. 나는 약자를 괴롭히는 영국식 군대 문화에 재빨리 적응했지만, 데이비드는 몇 달 다니다 그만두면서 히틀러 유겐트 조직 같다고 단언했다. 10살짜리 어린애가 말이다. 그래서 매듭을 만드는 법도 배우지 못하고, 배지도 받지 못하고, 아켈라에 대한 맹세도 모르고, 동료 하나가 과열된 영국식 불도그 게임에서 앞니로 교회 지하실의 딱딱한 바닥을 긁는 장면도 놓치고 말았다.

데이비드는 사교성을 타고난 남자였고, 어릴 때도 사교성 좋은 소년이었다. 난 해맑고 두루두루 잘 어울리는 아이이긴 했지만, 천성이 수줍음이 많고 고독을 추구하는 편이었는데 어른이 되면서 이런 성향이 더 굳어졌다.

동생은 혼자 산 적이 없었다. 부모님 집에서 나가 첫 아내의 집으로 들어갔다. 결국엔 이혼하고 며칠 만에 다른 여자와 동거를 시작했다. 여자친구가 없었던 적이 없고 여자친구를 두고도 바람을 피운 게 수십 번이었다. 트럭을 타고 다닐 때 빼고는 혼자 있는 적이 거의 없었다.

캘거리 서쪽 우리 집에는 1층에 보일러와 온도조절장치가 따로 있고, 아이들 방이 모두 1층에 있었다. 데이비드는 언덕에 아늑하게 안기듯 일부가 땅속으로 들어간 구조로 된 가장 따뜻한 방을 차지했다.

내 방은 너무 추웠다. 캔틸레버식으로 계곡에 걸쳐 있는 구조인 데다가 단열이 잘되지 않아서 방바닥이 아이스링크 같았다. 그래도 난 추위를 갈망했다. 어린 시절에 난 꽁꽁 언 대평원의 겨울에 영리하게 적응했다. 야외 하키 경기가 북풍으로 영하 31도 아래로 내려갈 때만 취소되던 고장이었다. 날씨에 대한 그 고장의 자세를 엿볼 수 있다.

겨울밤에 데이비드는 문틈을 틀어막고 보일러 온도를 확 올려놔서 보일러가 밤새 돌아가곤 했다. 난 자다 깨서 다시 온도를 낮추었다. 동생이 또다시 깨서 최고 온도로 설정하고 나면 내가 꺼버렸다. 가장 늦게까지 잠들지 않은 사람이 이기는 게임이었다. 우리 방은 북극이거나 사하라가 되었고, 중간을 찾지 못했다.

결국엔 우리 형제는 달라 보였고, 한 가족이라 닮아 보이는 정도일 뿐이었다. 그렇다고 놀랄 만큼 다르지는 않았다. 화이트호스에서 난 불편하게 낯익은 데이비드의 흔적을 찾아내고 말았다.

수그러들 줄 모르는 햇빛에 숨 막힐 것 같았다. 파스타에 와인 세 잔을 곁들여 저녁을 배불리 먹으면서 혹시라도 잠이 잘 올까 기대했다. 호텔 방에 들어가 옷을 벗고 침대에 누워서 천장을 쳐다보았다. 일흔다섯의 아버지가 추운 날 여기까지 올라와서 끝나지 않는 밤에 실종된 아들을 찾아 나섰을 거라는 생각이 들었다. 아버지도 나와 같은 과정을 겪었을 생각을 하니 가슴이 저릿했다.

텔레비전을 켜고 오 분 정도 낚시 방송을 보다가 다시 일어나 앉아서 스털링 헤이든이 나오는 범죄 누아르 영화를 보았다. 새벽 4시에 결국 다시 옷을 주섬주섬 챙겨 입었다. 밖에 나가보니 거리는 거의 비어 있고 빛이 빠른 속도로 날아가서 마치 누구도 견디지 못할 광휘 속으로 돌진하는 것만 같았다.

리자즈 라운지 앞 인도에 핏자국과 담배꽁초가 널려 있었다. 남자 둘이서 싸우고는 싸움에 관해 한참 입씨름을 하다 간 것처럼. 서쪽 하늘에 창백한 달이 떠 있었다. 구름 몇 점이 지평선으로 모여들었다. 저 아래 강가에서 남자 셋이 맥주를 마시고 있었다. 밤에 일어날 법한 나쁜 일들은 이미 다 끝난 것만 같았다.

지나가다 마주친 관공서 창문에는 태아 알코올 증후군을 줄이고, 노인을 존중하고, 담배를 끊고, 마리화나를 피운 다음 운전하지 말고, 가급적 이혼하지 말자는 활기찬 공익 광고 포스터가 붙어 있었다.

거리를 돌아다니면서 데이비드를 생각했다. 야행성인 동생은 밤늦게까지 밖으로 나돌고 잠도 늦게 잤다. 동생도 이 지역의 끝나지 않는 새벽에 어슬렁거리는 끝을 모르는 사람 중 하나였을 수 있고, 강가에서 맥주를 마시고 담배를 피우는 남자 중 하나였을 수 있다.

어둠의 엄호를 받지 못하는 사람들. 밤을 위한 모든 행위, 즉 마약 거래, 불륜, 도둑질이 여기서는 대낮처럼 환한 데서 자행되었다.

동생 같은 야행성이 일 년 중 일부는 밤이 없는 곳에서 살아야 했던 것이다. 어쩌면 그 덕에 추운 데도 불구하고 화이트호스의 겨울을 사랑했는지도 모른다. 끝나지 않는 밤이 있는 곳.

데이비드는 뒤늦게 술을 마시기 시작했지만, 술은 점차 새로운 중독으로 자리 잡았다. 하루에 심장을 지탱해주는 레드 와인 두세 잔을 마시는 프랑스인처럼 술을 마시는 사람들이나 담배를 피우다 끊은 사람들 또는 가끔 향수에 젖어 그리고 향수의 괴력에 매복당해 이상한 마리화나를 피우는 사람들은 스스로 중독자들과 별반 다를 게 없다는 걸 잘 안다.

내 친구들 몇은 중년이 되면서 많은 걸 끊어야 했다. 어느 날 눈을 떠보니 이혼 조정이나 가정불화, 심각한 건강 문제와 마주한 것이다. 중년은 말없이 휘청거리며 병원을 찾기 십상이다. 하루는 사람들과 어울려 술을 마시다가 다음 날은 혼자서 술을 마시고 그러다 중독될 수 있다. 한 친구는 내게 파티에서 술을 마시는 건 문제 될 게 없지만, 지하실에 혼자 앉아 술을 마시면 큰일이라고 했다. 중년은 사소한 문제들이 누적된 결과다. 치실을 더 많이 사용할걸, 요가를 좀 더 일찍 시작할걸, 돈을 더 많이 모아놓을걸….

자신의 습관을 잘 돌아봐야 한다. 적어도 내 경우는 그렇다. 난 매년 1월에 뭔가를 끊는다. 술이든 초콜릿이든 카페인이든. 물론 결심이 한 달을 넘길 때가 드물다. 건강을 위한다기보다 나 자신에게 뭔가 할 수 있다고 증명하기 위해 매번 시도한다. 한 친구는 새해 첫날부터 부활절까지 술을 끊었다가 이후 싱글 몰트위스키를 퍼마셨다.

난 데이비드만큼 중독에 잘 빠지는 편은 아니지만, 중독의 묘한 위력을 잘 안다. 습관은 정원과 같다. 잘 관리해주고 적절한 시기에 가지치기를 해줘야 한다. 잡초를 자주 뽑지 않으면 정원은 엉망이 되고 만다. 자연히 통계적으로도 중독은 자살의 한 지표다.

오전 6시, 거리는 텅 비고 하늘에서 색이 빠졌다. 호텔로 돌아가 서점에서 산 이 지역의 동식물상을 다룬 책을 꺼낸 다음 지난번 그 카페로 내려가 에스프레소 세 잔과 커다란 머핀을 먹었다. 책장을 넘기며 이렇게 먼 북쪽에서는 자연 부식 비율이 감소한다는 사실을 알게 되었다. 여기서는 유기체 활동이 많지 않다. 남쪽의 지렁이와 딱정벌레, 박테리아 무리가 북쪽에서는 보초병쯤으로 전락한다. 장장 8개월간 이어지는 암흑의 겨울은 대다수 생명체에게 가혹할 뿐이다.

물수리 타투

데이비드의 아내 캐서린에게 전화해서 같이 저녁을 먹기로 약속을 잡았다. 저녁 6시에 캐서린과 애들린을 차에 태운 다음 레스토랑으로 갔다. 캐서린은 자기가 얼마나 용감하게 살아왔는지, 이 지역 사회가 자기에게 무언가의 고상한 모범이 되어주기를 얼마나 기대하는지 한참 늘어놓았다.

데이비드의 전 밴드 멤버에게 캐서린이 데이비드를 많이 도왔고 그래서 데이비드가 캐서린에게 빚진 기분으로 살았다고 들은 터였다. 여기에서 본질적인 딜레마가 생겼다고 했다. 데이비드는 캐서린이 원하는 남자, 즉 번듯한 직장을 구하고 저녁에는 집에 들어오고 무언가에 취하지 않은 사람이 되거나 그토록 갈망하던 뮤지션이 되거나, 어느 쪽이든 될 수 있었다.

캐서린은 데이비드가 연주를 그만두고, 거리에 나가는 것도 그만두고, 시내에 직장을 구하기를 바랐다. 거리에 나가기를 원하지 않은 이유 중 하나는 거리에만 나가면 욕구를 누르지 못해서였다. 하지만 데이비드도 한편으로는 그런 유혹에서 잠시나마 벗어나고 싶었을 것이다.

언젠가 술을 끊은 친구에게 힘들었냐고 물은 적이 있다.

"안도감이 들더라."

그 친구의 대답이었다.

캐서린은 둘이서 데이비드의 이름으로 지역 뮤지션들을 후원하는 재단을 만들고 싶었다고 했다.

"10만에서 15만 달러 사이로 기부하기로 우리 둘이 약속했어요. 재단을 만들기로."

실현 가능성이 없어 보였지만 더는 묻지 않았다. 캐서린과 애들린이 나한테 기부를 요청하려는 건가 하는 생각이 들었다.

"그이가 술을 끊게 했어요. 약을 하진 않았고요."

캐서린이 말했다.

애들린이 고개를 끄덕이긴 했지만 묘하게 다른 느낌이었다.

"데이비드한테는 문제가 좀 있었어요. 끊으려고 하면서도 사람들이 모이는 곳에 갔으니까요. 그 친구는 음악이 있으면 늘 살아 있었어요. 하지만 약을 하면 두 번째 무대부터 이미 맛이 간 게 보였어요. 무슨 일이 일어나든 그때는 본인도 예상하지 못한 거죠."

우리는 잠시 데이비드 얘기를 나누고 저녁을 먹은 후 차에 몸을 싣고 데이비드가 강으로 걸어 들어간 마시호 다리로 향했다. 가는 길에 주유소에 들렀는데, 내 신용카드가 먹히지 않았다. 카드 뒷면의 대표번호로 전화를 걸자 여자 상담원이 받았다. 카드 거래가 거절당한 이유를 물었다.

"도난당한 카드인 줄 알았습니다. 고객님 카드가 아닌 줄 알았어요."

"왜 제 것이 아닌데요?"

"음, 한참 위쪽이잖아요, 북쪽. 거긴 추운가요? 그런데 거기서 뭐 하세요?"

"동생을 찾습니다."

"음, 꼭 찾길 바랄게요!"

상담원은 활기차게 말하고는 카드를 풀어주었다.

우리는 사람이 살지 않는 지역의 고속도로를 달렸다. 색이 빠진 하늘이 산 뒤편으로 더 흐려졌다.

"그 집은 내가 가져야겠어요."

캐서린이 정면을 응시하며 입을 열었다. 융자를 어떻게 감당하고 있었는지는 몰랐다고 했다.

"아버지가 내고 계셨어요."

나는 캐서린에게 변호사를 만나보라고는 했지만 이미 만나본 건 알았다.

"변호사는 만나봤어요. 다만 법적인 문제로 만난 건 아니에요."

나는 더는 반박하지 않기로 했다.

다리에 도착한 후 다 같이 차에서 내린 다음 걷기 시작했다. 다리 기둥에 제비가 둥지를 튼 게 보였고, 강둑에 포플러가 늘어서 있었다. 독수리 한 마리가 하늘 위에서 날았는데, 캐서린은 어쩐지 데이비드의 영혼 같다고 했다. 우리는 잠시 말없이 서서 강을 바라보았다.

캐서린이 먼저 말문을 열었다.

"데이비드는 늘 자기가 집 안의 오점이라고 생각했어요."

가슴 아픈 말이었다.

데이비드는 늘 곁돌았다. 우리 가족 모두 9월생인데 데이비드만 생일이 5월로 혼자 뚝 떨어져 있었다. 외모도 우리와 달랐다. 가족 중 유일하게 금발이었다. 데이비드가 이단아이긴 했지만 스스로 선택해서 그런 줄 알았다. 이제는 정말 그런 건지 잘 모르겠다.

어린 시절 어느 일요일이 떠올랐다. 우리는 주일에 입는 옷을 차려입고 목제 신도석에 할머니랑 앉아 있었다. 데이비드가 꼼지락거리자 할머니가 온화하게 손을 얹었다. 우리는 예배를 마치고 할머니 집으로 갔다. 데이비드와 나는 백설탕을 한 컵씩 든 채 뜰에 난 루바브를 따서 설탕에 찍어 먹었다. 예수님 품에 들어가고 받은 상이었다.

큰할아버지인 짐 할아버지가 티끌 하나 없는 투 톤 색상의 크라이슬러 임페리얼을 타고 나타났다. 돈이 아주 많은 분이라고 했다.

"차라리 왕관에 보석을 박아 넣지…."

할머니는 이렇게 짐 할아버지를 두고 아리송한 말을 했다. 짐 할아버지가 데이비드와 나를 근사한 차에 태워주겠다고 했다.

짐 할아버지는 멋쟁이에다 유별나고 근검절약이 몸에 밴 사람이었다. 빨간불에서 정차하면 연료가 낭비된다는 듯이 빨간불에도 서지 않았다. 우리는 뒷자리에 앉았고, 할아버지는 거의 한마디도 하지 않았다. 대평원의 폭풍우가 다가오고 있었고, 서쪽 하늘의 색깔이 멍든 것처럼 변했다. 우리는 빨간불을 그냥 지나치고 있었다. 도로에 차가 거의 없었고 일요일이 아직 휴일이던 시절이었다.

우리는 블레이저 차림의 인질처럼 임페리얼의 안락한 정적 속에 앉아서 차창 밖에 스치는 도시 풍경을 바라보았다. 데이비드의 얼굴에는 백설탕 알갱이가 묻어 있었다. 할머니 집으로 돌아오자 짐 할아버지는 기름을 낭비하기 싫다는 듯이 차를 완전히 세우지 않았다. 우리 형제는 도로 경계석으로 튕겨 나와 풀밭에 나뒹굴었고, 짐 할아버지는 유유히 떠났다. 우리는 주일의 정장 차림으로 잠시 그대로 누워 어두워지는 하늘을 보았다. 모든 것이 여전히 수수께끼다.

데이비드는 12월의 언 강 위에서 얼지 않은 물이 있는 데까지 20미터쯤 걸어갔을 것이다. 같은 자리에 서서 동생이 걸어가는 모습을 상상하며 어떻게 된 일일지 강박적으로 그려보는데 눈물이 나왔다.

데이비드는 알래스카 고속도로를 내달렸다. 그것도 피곤에 지쳐 윙윙 굉음을 내면서 달렸을 것이다. 데이비드는 트럭을 몰 때 이십 년 전에 취입한 첫 밴드의 카세트를 틀어놓았다. 보름 동안 들은 것 같았다. 경치 좋은 자리에 차를 세운 다음 창문을 내리고 미리 사둔 나이톨을 먹고 담뱃불을 붙이고 연료계가 바닥날 때까지 그대로 앉아서 담배를 피웠다. 이성적으로 생각하지 못한 채 저류에 끌려가듯 거친 갈망에 휘말렸을 것이다. 애써 막아내려 했던 어둠과 고통이 엄습했을 것이고, 12월의 매정한 추위가 자극제가 되었을 것이다. 수면제 탓에 몸이 무감각해졌다. 트럭에서 내려 모자를 바닥에 내려놓고 얼지 않은 강까지 걸어갔다.

나는 거기서 그렇게 외롭게 서 있는 동안만큼은 동생에게 일말의 평화가 내렸기를 바랐다. 음악을 사랑한 파란 눈동자의 소년.

차를 타고 돌아가면서 더는 할 얘기가 없었다. 나는 캐서린이 차를 세워둔 곳에 캐서린과 애들린을 내려주었다. 호텔로 돌아갔지만 역시나 잠이 오지 않았다. 커튼을 정돈해서 다시 쳐보고 이리저리 채널을 돌려보고 책을 조금 읽다가 천장을 쳐다보며 데이비드를 생각했다.

데이비드와 이십 년을 함께 연주한 게리라는 밴드 멤버를 만났다. 게리는 데이비드가 마약을 하거나 술 마시는 걸 본 적이 없다고 했다. 다만 나쁜 습관이 하나 있다면 담배였다. 그리고 무대에서는 평온해 보였다고 했다. 데이비드에 관해 몰랐던 게 많다고도 했다.

아침이 돼서야 겨우 잠이 들었다. 눈을 뜨면서 정오까지 잔 건 아닌지 불안했지만 7시가 막 지난 시각이었다. 초조하고 으스스한 추위를 느끼며 같은 카페로 내려가 같은 머핀과 에스프레소를 주문했다.

아침을 먹고 데이비드가 거래하던 은행을 찾아갔다. 11월 말에 데이비드가 은행 계좌에서 초과 인출을 하고 신용카드 두 개로 빚을 진 상태였다. 물론 마지막 융자도 직접 내지 않았다.

나는 블루문 옆의 주류점으로 가서 애들린를 다시 만나 데이비드가 마약상들하고 연락한 일에 관해 더 해줄 말이 있는지 알아보았다. 우리가 대화하는 동안 캐서린이 들어왔다. 울고 있었다.

"그이를 강에서 건졌대요. 검시관실에 있어요."

나는 충격에 휩싸였다. 동생이 아직 살아 있을 거라고 희망을 품어서가 아니라 이제는 반박의 여지 없이 영영 사라져버렸기 때문이다. 딱히 충격적인 소식이 아니어야 맞지만 실제로 충격을 받고 멍해졌다.

호텔로 돌아가 검시관에게 전화했다. 부모님께 알리기 전에 우선 데이비드가 맞는지 다시 확인하고 싶어서였다. 알고 보니 내가 화이트호스에 도착하고 고작 몇 시간 뒤 슈왓카 호숫가 근처에서 조깅 하던 사람이 시신을 발견해 RCMP에 신고했고, RCMP가 도착해서 시신을 옮긴 것이다.

내가 RCMP에 갔을 때 경관이 이 상황을 알고 있었는지 궁금했다. 데이비드가 발견되었지만, 신원이 확실하게 확인되지 않았을 수도 있었다. 나는 검시관에게 데이비드가 맞는지 어떻게 아느냐고 물었다.

"설명과 딱 맞아떨어집니다. 문신도 있고요. 가슴에 새 문신이요."

물수리, 데이비드의 초창기 밴드 중 하나의 이름이었다. 반년 가까이 되는 겨울이 지나간 후 유콘강을 따라 30킬로미터를 떠내려와서 화이트호스 외곽의 수력 발전 댐으로 만들어진 호수까지 흘러들어 온 것이다. 시신은 부검을 위해 밴쿠버로 옮겨질 터였다.

검시관에게 직접 가서 데이비드의 신원을 확인해도 되는지 물었다. 그냥 확실히 해두기 위해.

"음, 꼭 그러고 싶으신지 모르겠네요."

"안 되나요?"

"음, 동생분 시신은 강을 따라 30킬로미터나 떠내려왔어요. 그러니까 그분을 어떻게 기억하고 싶은지 본인이 판단해야 하는 문제예요. 그 이미지가 머릿속에서 지워지지 않을 테니까요. 선생님이 결정할 문제입니다. 그냥 그렇다는 겁니다."

한 시간쯤 고민했다. 검시관 말이 옳았다. 거기서 어떤 모습을 보든, 일단 보면 머릿속에서 지워지지 않을 터였다. 검시관의 조언을 따르기로 했다.

나는 부모님께 전화했고, 어머니가 받았다.

"데이비드를 찾았어요. 사흘 전에 강에서 건졌다는데 이제야 연락을 받았어요."

"데이비드가 맞아?"

"물수리 문신이요."

"아아아."

어머니가 통곡했다. 어머니도 알았고, 모두가 알고 있었다. 하지만 결국 증거가 나왔다. 아버지는 전화선 너머에서 충격으로 말문이 막힌 듯했다. 나는 최선을 다해 동생의 일을 수습하겠다는 말밖에 달리 무슨 말을 해야 할지 몰랐다. 우리는 시신을 화장하기로 했다. 동생이 행복하게 살았던 곳에 재를 뿌려주기 위해. 우리에게서 멀리 떨어진 차가운 땅에 동생을 묻어주고 싶지는 않았다.

어머니의 슬픔을 가늠하다가 자연스레 내 자식들에게 생각이 미쳤다. 저스틴은 아내가 산통을 많이 겪고 얻은 딸이고, 자주 자다 깨서 울면 아무리 달래도 소용이 없었다. 아내는 숱한 밤에 일어나 혹시나 싶어 젖부터 물렸다.

가끔은 내가 간신히 눈을 뜨고 딸아이를 달랬다. 아기를 안고 제자리를 맴돌면서 부모라면 누구나 타고난 것 같은 아기 어르는 리듬으로 아기를 흔들면서 조니 캐시 특유의 저음을 최대한 비슷하게 흉내 내어 그의 노래 〈Ring of Fire〉, 〈Folsom Prison Blues〉, 〈I Walk the Line〉을 나직이 흥얼거리곤 했다.

가끔은 기적적으로 도움이 될 때가 있었다. 그런데 혹시 저음의 목소리에 생물학적 반응을 보인 건 아닌지 의문이 들었다. 그런 목소리를 가진 사람이라면 누구든 우리 딸을 영원히 보호할 수 있을까?

물론 누구도 자식을 영원히 보호해줄 수는 없다. 부모가 되는 건 이런 순간을 무수히 겪는 과정이다. 그러니까 자기만의 비밀스러운 생각으로 자식을 품에 꼭 안으면 어둠 속에서 본능적인 무언가가 느껴지는 순간들 말이다. 어머니는 데이비드와 이런 순간을 모두 겪었고, 이제 어머니에게 남은 거라곤 이런 순간들밖에 없었다.

어머니는 우리에게 거창한 꿈과 기대를 걸었다. 데이비드와 내게 사고의 폭을 넓히라는 의미로 〈가디언〉지를 구독시켜주었다. 내가 작가가 되기로 정하고 토론토로 옮긴 다음 허름한 식당에서 식탁 치우는 일을 할 때도 어머니로부터 구인 공고가 첨부된 우편물이 날아오곤 했다. 주로 옥스퍼드대학 영어과에서 교수를 채용한다든가 새 외교단에 공석이 생겼다는 소식이었다. 데이비드도 비슷한 편지를 받았을 것이다.

부모들은 다들 그런 희망을 품고 살고 자식들은 적응하면서 자란다. 어머니는 기대치를 조정해가면서도 희망을 놓지 않고 계속 사랑으로 동생의 재능을 인정하고 한계를 이해했다.

친구들과 내가 밤에 술에 취해 도로의 정지 표지판을 뽑으려고 해서 경찰에 체포된 다음 날인 어느 일요일 아침에 경찰이 우리 집 앞에 들이닥쳤을 때 어머니는 울음을 터뜨리며 이렇게 말했다.

"우리가 무슨 잘못을 한 거니?"

어머니는 잘못하지 않았지만 우리는 가끔 잘못을 저질렀다. 자식을 키우는 일은 정답이 없고 몹시 위험하고 모든 문제가 말끔히 해결되지 않도록 설계되었다. 부모 노릇으로 얻는 보상도 많지만, 끝도 없는 슬픔이 도사리고 있다.

그날 밤 캐서린이 즉흥적으로 식사자리를 마련했다. 데이비드의 친구들이 모였다. 몇몇은 이미 만나봤지만, 나머지는 아직 만나지 못한 친구들이었다. 캐서린은 자기가 옆에서 잘 감시한 덕에 데이비드가 일 년 이상 술이든 마약이든 손을 대지 않고 바람도 피우지 않은 거라고 했다. 밴드 멤버 하나는 내게 데이비드가 자주 약에 취해서 아무하고나 잤다고 귀띔했다. 다른 뮤지션은 데이비드가 술에 취하고도 멀쩡한 척 말을 잘해서 같이 대화하는 게 쉽지는 않았지만 술을 마시는 걸 직접 본 적은 없다고 했다.

우리가 데이비드 얘기를 나누는 동안 데이비드의 모든 면이 식탁 앞에 둘러앉은 것만 같았다. 모두 열 명이고 라디오 방송국에서 만난 클린트도 와 있었다. 클린트는 슬퍼 보였다. 데이비드가 어디 따뜻한 곳에서 잘살고 있을 거라고 확신하던 터라 진실을 마주하고 큰 충격에 빠진 것 같았다.

라디오 방송국에서 데이비드와 함께 일하던 록샌이라는 여자는 데이비드가 얼마나 너그럽고 지역 사회에서 얼마나 많은 사람을 도왔는지 내게 말해주었다. 데이비드가 사람들에게 돈도 잘 빌려주고 차도 많이 태워주었다고 했다. 록샌은 아름답고 우아한 여자였다. 연애로 발전하지는 않았지만 둘 사이에 유대감 같은 게 있었다고 했다.

슬픔과 수면 박탈, 와인이 뒤섞여 몸에서 혼이 빠져나가는 느낌이 들었다. 말하면서 동시에 위에서 그 장면을 내려다보는 느낌이

들었다. 전두엽에 과부하가 걸려서 정보가 일 초 늦게 처리되고 모든 정보를 늦게 입력하는 느낌이었다.

나는 화장실에 가기 위해 아래층으로 내려갔다. 그 집은 구역마다 높이가 달랐고, 데이비드의 세계는 아래층에 있었다. 텔레비전과 기타, 밴조, 만돌린, 전자베이스, 하모니카 등이 있었다. 책과음반, CD, DVD, 비디오테이프의 수집 규모는 방대했다. 데이비드는 서너 집을 옮기면서 이런 공간을 똑같이 재현했고, 매번 그 공간에는 그의 걸걸한 웃음과 흡연자의 기침, 악령이 머물렀다.

그 공간에 있으니 데이비드가 밴조를 연주하는 모습과 프렛 보드 위로 손가락이 날아다니는 모습이 눈에 선했다. 탁자 위에는 캐서린이 검시관에게 받아온 비닐봉지가 놓여 있었다. 데이비드의 주머니에 있던 물건들이다. 담배 케이스, 몇 군데가 팬 금 회중시계, 5달러짜리 지폐 두 장, 100달러짜리 수표, 융자 청구서였다. 그중에서 시계를 꺼내 가만히 들여다보았다. 조끼를 자주 입던 동생은 주머니에 시계를 넣어서 19세기의 역장처럼 시간을 확인하곤 했다.

동생의 악기들이 일렬로 늘어서 있는 게 눈에 들어왔다. 스탠드에 놓여 있거나 케이스에 있었다. 나는 동생의 물건을 가져가고 싶었다. 밴조나 기타보다 나은 것으로, 동생이 오래도록 품고 살았을 물건을 갖고 싶었다.

어릴 때 시내의 한 대학에서 음악이론 시험을 본 기억이 났다. 동생은 시험을 금방 본 후 앉아서 나를 기다렸다. 시험을 치른 후 우리는 근처 백화점의 지하 베이커리에서 크림 퍼프를 샀다. 세일 중인 걸로 샀는데, 하루 지난 것처럼 질척거리고 크림이 푹 꺼져 있었다. 우리는 하나씩 먹고 꼭대기 층 주차장으로 올라갔다. 남은 두 개를 아래 버스정류장에서 기다리는 사람들에게 떨어뜨릴 요량으로.

"던질 거까지는 없어. 그냥 떨어뜨리면 돼, 데이비드."

"왜 **내가** 해야 하는데?"

"크림 퍼프 하나 떨어뜨릴 줄도 모른다는 거야?"

"어떻게 하는 건지는 알지. 그런데 왜 꼭 내가 해야 하냐고?"

"배워야 할 때도 있는 거야."

마치 그것이 배워두면 요긴한 기술인 양.

동생은 난간에 기대어 죄 없는 크림 퍼프 두 개를 손에 쥐었다. 동생이 크림 퍼프를 떨어뜨리자마자, 우리는 잽싸게 뒤로 물러나 오줌 냄새 나는 계단을 뛰어 내려갔다. 그러면서 크림 퍼프가 핵폭탄처럼 땅에 떨어졌을 테고 버스정류장 옆을 무심히 지나가면서 3미터 너비의 살상 구역에 크림이 퍼져 있는 장면을 목격하게 될 거라고 상상했다.

그런데 흔적조차 보이지 않았다. 크림을 뒤집어쓴 사람들이 하늘을 쳐다보며 울부짖지도 않고, 인도에는 아무런 흔적조차 없었다. **전부** 어디 갔지?

어른이 되자 데이비드는 내가 기타를 배우도록 도와주었다. 내가 코드 몇 개를 숙지한 후 둘이 같이 만든 조악한 곡을 연주하면서 노래를 얹으면 데이비드가 녹음해주었다. 노래 제목은 〈너는 나의 시험관 아기야〉였다.

'시험관 아기, 과학이 그녀를 만들었지….'

데이비드는 형처럼 진득하게 마이크와 레벨을 맞춰주면서 내가 그나마 덜 힘들게 부르는 음을 불러보게 했다. 훗날 여러 밴드를 거치며 꽃피울, 타고난 음악적 리더십의 일면을 보여주었다. 데이비드는 내게 너그러웠다. 음악 분야에서는 우리 사이에 경쟁이 성립하지 않았기 때문이기도 했다. 우리는 거의 모든 분야에서 서로의 영역이 구분되어 직접 부딪히며 경쟁할 일이 거의 없었다.

나도 학창 시절에 잠깐 밴드에서 피아노를 연주한 적이 있다. 몽키즈의 〈Last Train to Clarksville〉을 연주할 수 있었다. 다른 멤버들은 두 번째 곡으로 연주곡인 〈Wipe Out〉을 알았다. 그런데 노래를 부를 사람이 없었다. 지역 커뮤니티센터 댄스파티에서 연주 요청이 들어왔고, 마치 비틀스가 시스타디움 공연을 진지하게 고민하듯이 우리는 모여서 그 요청을 고민했다.

데이비드의 지하실에서 문득 동생의 기타 하나를 집어 들어 기억나는 롤링스톤스의 〈Sweet Virgina〉와 이언 앤 실비아의 〈Four Strong Winds〉 중 한 곡을 연주하고 싶어졌다. 하지만 위층에 정식 뮤지션들이 있었다.

그 지하실에 얼마나 머물렀는지 모르겠다. 다시 위층으로 올라가 보니 클린트가 나가려고 일어서는 참이었다. 데이비드의 친구들이 계속 남아서 진심으로 도와주려 했지만 다들 서로가 서로에게 무엇을 원하는지, 무엇을 필요로 하는지 몰랐다. 우리는 각자의 에피소드를 나누었다. 내가 어린 데이비드를 보여주면 그들은 어른 데이비드를 보여주었다. 우리는 와인을 앞에 두고 한참 데이비드의 음악을 들었고, 그렇게 그날 저녁이 지나가고 있었다.

호텔 방으로 돌아갔다. 암막 커튼 가장자리로 새어 들어오는 빛이 여전히 나를 괴롭혔다. SF 영화에 나오는 빛 같았다. 강력한

악의 힘이 아슬아슬하게 가로막혀 있다고 암시하는 빛. 침대에 누워 머릿속에 와인을 들이붓고 텔레비전을 켠 다음 무심히 채널을 돌리며 프로그램 여섯 개를 한 오 분씩 보았다.

데이비드와 난 장난칠 때는 거의 한패가 되었다. 포트 프랜시스에 놀러 갔던 어느 여름에 우리 둘이서 폭죽을 산 기억이 났다. 12살이던 나는 동갑내기 사촌 피터와 9살 동생과 함께 포트 프랜시스에서 미네소타주 인터내셔널폴스까지 폭죽을 사러 걸어갔다. 인터내셔널폴스는 유명한 메이크업 아티스트 태미 파예 배커가 태어난 곳이기도 하다.

미국의 폭죽은 더 독창적이고 파괴적이었다. 우리는 은행 지하 금고를 날려버릴 만큼의 화약이 든 상자를 사가지고 돌아오며 미소를 띤 국경 경비원에게 손을 흔들어주었다.

우리는 폭죽으로 은행 대신 부모님이 빌린 오두막의 정원을 날려버렸다. 12살짜리의 행위와 결과 사이의 드넓은 격차 속에서 우리는 그 사건을 희생자 없는 범죄쯤으로 여겼다.

폭죽 상자에 다이너마이트급의 초대형 폭탄 몇 개가 들어 있었는데 정원이 쑥대밭이 되고 말았다. 부모님이 돌아와서 드레스덴 같은 참상을 보고는 불같이 화를 냈다. 그도 그럴 것이 수국은 쓰러지고 바이올렛과 데이지는 흙 속에서 뽑히고 장미는 시커멓게 타서 부러져버렸다. 오두막은 아버지의 어릴 때 친구의 집이었다.

"이건 애니 아줌마 정원이야."

그런데 그게 바로 우리의 방어 논리였다. 고작 정원일 뿐이잖은가.

"애니 아줌마가 몇날 며칠을 꽃을 심고 애지중지 보살폈어. 그런데 너희가 다 망쳤어. 그래 어디 말 좀 해봐라."

우리는 차라리 다른 집 정원을 날렸으면 좋았을 걸 싶었다.

"죄송해요, 엄마."

"애니 아줌마가 이 정원에 얼마나 **시간**을 쏟았는지 알아? 아줌마한테 이 정원이 얼마나 소중한지 아냐고, 응?"

몰랐다. 우리는 우리의 좁은 세계 밖의 많은 일을 이해하지 못했다. 어머니가 강조해서 말하듯이 우리에게는 인식이 부족했다. 우리는 아동기의 막바지를 지나고 있었고, 혼란과 죄책감으로 점철될 사춘기가 아직 오기 전이었다. 우리는 애니 아줌마에게 용서를 구해야 했다. 그리고 당장 오두막을 떠나야 했다. 차에서 어머니는 아쉬운 듯 창밖을 내다보며 말했다.

"이제 다시는 못 오게 됐네."

유럽 일주 여행을 갔을 때 부모님은 가끔 둘이서만 저녁 식사를 하러 나갔다. 그런 날이면 15살인 내가 12살 데이비드와 6살 여동생을 책임져야 했다. 베네치아에서 우리는 대리석이 잔뜩 깔린 일종의 호화 호텔에 앉아 곤돌라가 운하를 지나는 동안 사공이 관광객을 위해 불러주는 진부한 노래를 들었다.

데이비드가 무슨 이유에선지 풍선을 샀고, 우리는 풍선에 물을 채워 호텔 창밖으로 사공을 향해 던졌다. 번번이 맞추지 못했지만 마지막 두 개 중 하나가 적중했다. 사공이 과장된 테너 톤으로 톰 존스의 〈Delilah〉를 목청껏 부르고 있었고, 우리는 각자 하나씩 던지고 발코니 벽 뒤로 쏙 들어갔다.

노랫가락이 끊기고 찰진 욕이 터져 나왔다. 우리는 죄책감으로 불안에 떨면서 이탈리아 경찰이 문 앞에 들이닥치는 공포에 사로잡혔다.

우리는 무엇으로 닻을 내리고 살아갈까. 데이비드는 재능으로 닻을 내렸지만 더는 예전만큼 위안을 얻지 못하고 그 재능마저 점점 퇴화했을 것이다. 식구들은 각지로 흩어져 살았다. 데이비드는 시간만 나면 딸을 만나러 왔지만, 아이비는 아빠보다 할머니 할아버지와 더 오래 살았다.

데이비드는 한때 흥미진진한 형제였다. 카우보이 부츠에 카우보이모자를 쓰고 손에 악기를 들어야 할 것처럼 불안하게 손을 떨었다. 오래전에 내디딘 작은 걸음이 결국 그가 더는 견디지 못할 풍경으로 이끌었다.

혼자 카누를 타고

여기는 아침이 오지 않는다. 은근히 거의 알아채지 못하게 빛이 퍼진다. 한두 시간 겨우 눈을 붙이기는 했지만, 그나마도 죽 이어서 잔 건 아니었다. 비몽사몽 간에 한 시간 더 내가 꾸는 꿈이 말이 안 되는 걸 알아챘다. 페넬로페 크루즈가 빛바랜 윙 체어에 앉아서 행복하게 룸서비스 조식을 먹고 있을 리가 없으므로.

이곳에 도착한 날 캠핑용품점에 들러서 카누를 예약해두었다. 유콘강을 따라 내려가면서 데이비드를 직접 찾아볼 요량이었다. 그런 식으로는 동생을 발견할 가능성이 거의 없는 줄 알면서도 말이다. 동생이 이미 수면으로 떠올랐지만, 어쨌든 강을 따라 내려가보기로 했다.

옷을 걸치고 익숙한 카페로 내려갔다. 연일 불면의 밤이 이어지면서 땅이 살짝 일렁였다. 공기가 매서웠다. 모든 소음이 증폭되고 주변 시야로 거기 있을 리가 없는 움직임들이 들어왔다.

어떤 남자가 카페에 들어섰다. 키가 150센티밖에 되지 않고 홍차색으로 탄 피부에 머리가 벗겨져 있었다. 그 남자는 댄스 슈즈를 신었지만 싸움이라도 할 것처럼 공격적인 자세로 구부정하게 서 있었다. 중간계에서 나타난 사람처럼 보였고, 실제 사람인지조차 명확하지 않았다.

나는 카운터에서 주문한 음식을 받아들고 예약한 카누를 찾으러 갔다. 캠핑용품점에서 얼굴이 불그레한 야외 활동 애호가가 카누를 타본 적 있냐고 물었다. 타보기는 했지만 오래전 일이다. 강에 급류가 있는지, 알아둘 사항이 있는지 따위를 물어보았다.

"카누를 타고 마시호 다리에서 시내까지 들어오는 데 얼마나 걸릴까요?"

"금방이에요. 식은 죽 먹기죠."

그는 내게 유콘강 강둑에 있는, 오지 조종사 소유의 오두막 좌표를 주었다.

"거기서 전화하면 누군가가 손님 차까지 태워다줄 겁니다."

그와 함께 내 차 지붕에 카누를 동여맸다. 나는 차를 몰고 마시호 다리로 향했다. 은퇴자들이 많이 타는 제피로스와 율리시스 같은 이름의 투 톤 색상 레저 차량들이 작은 무리를 이뤄 이동하고 있었다. 12월에는 이 도로를 오가는 차도 드물고 낮부터 일찍 어두워졌을 것이다.

마시호 다리에 도착했다. 차를 세워놓고 카누를 띄운 다음 천천히 하류로 내려갔다. 기온이 22도로 따뜻한 편이지만 바람이 차서 산에는 아직 눈이 쌓여 있고 강이 녹은 지도 몇 주밖에 안 되었다는 사실을 새삼 깨달았다. 모기를 날려 보낼 만큼 바람이 불었지만, 수면은 잔잔했다.

너른 강이 흐르는 양옆으로 모래톱이 이어지고 그 위로는 소나무가 죽 늘어서 있었다. 배경의 산은 구름에 가려졌다. 강은 동트기 전 호수처럼 잔잔했고, 급커브를 돌자 25미터 높이의 절벽이 기괴하고도 정교하게 수면에 비쳐서 마치 특수효과 속으로 들어가는 것만 같았다. 강가의 늪 같은 여울에는 잿빛의 죽은 소나무들이 있었다. 주위에 나 말고 아무도 없었다.

혼자 카누를 타면 특유의 평온이 감돈다. 사방에 들리는 소리라고는 내가 강에 노를 담글 때 나는 숨소리처럼 규칙적인 소리뿐이다. 어릴 때 여름 캠프에 다니면서 카누를 많이 탔다. 14살에 캠프에서 주최하는 이 주짜리 여행에 참가해 온타리오주 북부의 오염되지 않은 자연에서 카누를 탔다. 그때 물에 빠져 죽을 뻔한 일이 있었다.

육로로 수송할 때는 당시만 해도 주로 캔에 담겨 나오던 40킬로 분량의 식량 팩을 짊어지고 다녔다. 가장 무거운 팩이지만 가이드 말대로 날이 갈수록 가벼워졌다. 식량 팩을 20킬로짜리로 선택한 친구들도 같은 무게로 짐을 졌지만 내 짐은 가벼워지다가 결국 사라졌다.

하지만 아직 혼자 매기 버거울 만큼 무거웠고, 나는 그 무게에 휘청거리며 걸었다. 우리는 짐을 지고 울창한 숲을 지나 개울을 따라 걸었다. 그 길이 가장 편한 길이었다. 개울은 깊지 않았다. 나는 후방에서 걸었다. 그러다 돌덩이에 미끄러져 뒤로 넘어가면서 물속에 빠졌다. 등에 진 식량의 무게로 물속에 잠겨버린 것이다. 불과 몇 센티미터 위에 공기가 있었고, 흐르는 물살에 숲이 조금 일그러져 보였다.

몸을 뒤틀어서 엎드려보려 했지만 짐이 너무 무거웠다. 도저히 일어날 수 없었다. 몸에 묶인 끈을 풀어보려고 꼼지락거리기도 했지만, 단단히 채워져 있었고 다른 도구가 없었다. 가이드가 무심코 뒤를 돌아보다가 내 손 하나가 물 위로 튀어나온 걸 보고 급히 달려왔다. 나보다 나이가 그렇게 많지도 않은 18살의 소년이었다. 가이드가 간신히 나를 물 밖으로 끌어냈다.

"너 뭐하는 거야?"

그가 내 얼굴에 대고 소리를 질렀다.

'물에 빠져 죽는 중이었어요.'

여행이 시작되고 일주일 지나서 우리는 사흘간 혼자서만 다녀야 했다. 각자 네모난 베이킹 초콜릿 한 개와 오트밀 반 컵, 건조 수프 한 봉지를 싸 들고 작은 섬으로 들어갔다. 칼, 성냥, 양철 냄비, 침낭, 텐트 바닥에 까는 방수포, 낚싯바늘이 달린 낚싯줄도 있었다.

'불을 피우고 물고기를 잡고 산딸기를 찾아서 독이 없는지 확인해라. 사흘 뒤에 보자, 제군들.'

바위에 앉아 물고기를 잡으려고 낚싯바늘에 거머리를 끼워서 낚싯줄을 던졌다. 물고기는 없었다. 물론 산딸기도 없었다. 막막한 고독이 엄습했다. 넓고 깊고 높게 고독했다. 밤하늘이 참 광대했다.

첫날 저녁에는 모기들이 극성을 부려서 무슨 모터보트라도 다가오는 줄 알았다. 불을 피우고 연기 속에 앉아 있다가 침낭 속으로 숨어들었다. 모기떼로 인한 고통이 어마어마했다. 나는 고독을 좋아하지만, 그토록 혼자인 적은 없었다. 인생을 성찰하면서 사흘이나 보낼 만큼 오래 살지도 않은 터였다. 어떤 발견과 경외감, 비탄이 복잡한 층위로 얽혔다.

불가능해 보일 만큼 긴 사흘이 지나갈 무렵 가이드가 나를 맨 먼저 데리러 왔다. 가이드의 카누 뒤에 매달린 카누 두 척에 흩어져 있는 다른 친구들을 하나씩 태웠다. 우리는 베이스캠프로 돌아와 허겁지겁 배를 채우면서 철저히 혼자 보낸 사흘이 혹시 주최 측에서 보름 분량의 식량을 충분히 준비하지 못해서 즉흥으로 마련한 프로그램은 아닌지 의심했다. 우리는 물고기를 잡지 못한 일과 모기와 곰에 관해 이야기꽃을 피웠다. 고독에 관해서는 아무도 말하지 않았다. 어떻게 말할지 몰랐으므로.

내 앞으로 밧줄로 연결된 채 서서히 떠가는 카누 두 척이 나타났다. 여울에서 물살이 튀어 카누가 우아하게 방향을 틀었다. 곳곳에 25미터나 솟아 있는 모래톱이 에메랄드빛 수면에 비치고 있었다. 불안하게 선명했다.

나도 열심히 노를 젓는 건 아니지만 내 앞에 나타난 네 사람은 전혀 노를 젓지 않았다. 물살에 떠내려가면서 먹고 마시고 얘기를 나누고 있었다. 난 상태가 좋을 때도 모르는 사람들과 한담을 나누는 재주가 없는 사람이라 그들이 가까이 있어서 영 불편했다.

힘껏 노를 저으며 몸을 앞으로 기울이고, 속도를 최대로 높여서 그 일행을 스쳐 가며 "안녕하세요" 하고 인사를 건넸다. 그 강에 혼자 있고 싶었다. 일단 거리를 충분히 벌려놓고 다시 속도를 줄인 다음 뱃전에 노를 걸쳐놓고 잠시 숨을 골랐다. 반년 전에 데이비드가 물살에 떠밀려 내 밑으로 이동했을 거라는 생각이 머릿속을 떠나지 않았다.

선명한 초록빛 강물을 바라보니 로키산맥의 오하라 호수가 떠올랐다. 데이비드가 일한 적 있는 아름답지만 진입하기 어려운 휴

양지였다. 초록색 물빛은 이회토라는 점토와 탄산칼슘이 혼합된 침전물이 빛에 반사되어 나타난 거였다.

그때가 데이비드의 인생에서 가장 행복한 시절이었다. 데이비드가 오하라호 산장에서 일할 때 배우 피터 오툴이 지친 몰골로 산장을 찾아왔다고 했다. 잡지 〈펜트하우스〉의 밥 구치오네 감독과 이탈리아에서 영화 〈칼리굴라〉를 촬영하다가 도망쳐 나와 숨을 곳을 찾아 들어온 터였다.

원래는 고어 비달이 쓴 대본이지만 구치오네가 〈펜트하우스〉에서 사랑받는 배우들의 그래픽 섹스 장면을 최종 편집본에 끼워 넣자 비달은 영화에서 손을 뗐다. 오툴은 맬컴 맥도웰이 연기한 칼리굴라에 맞서는 티베리우스 역할을 맡았다.

데이비드는 오툴이 수줍음이 많은 사람이라고 했다. 그 산장에는 손님과 직원들이 마지막 밤에 장기자랑을 하는 전통이 있었다. 데이비드는 오툴의 방을 노크하고 장기자랑에 참가할지 물었다.

"뭘 할지 상상도 안 되는군요."

"원하면 뭐든 읽으셔도 됩니다. 이를테면 시요."

데이비드가 말했다.

오툴은 그러기로 했고, 그날 모인 손님들 앞에서 시를 낭송했다. 데이비드는 오툴의 손이 떨리는 걸 보고 영국 최고의 배우가 외딴곳에 단출하게 모인 청중 앞에서 시를 낭송하며 긴장하는 모습에 의아해했다.

나중에 데이비드가 오툴에게 그 얘기를 하자 오툴은 평생 무대 공포증에 시달렸다고 했다. 마리화나는 꽤 피웠지만, 술도 끊었다면서. 술이 도움이 되지 않았다고 했다.

데이비드가 실종된 뒤로 자살 관련 서적을 꽤 읽었다. 그중 한 권이 에드윈 슈나이드먼의 《심리부검 인터뷰Autopsy of a Suicidal Mind》로, 도서관에서 제목만 보고 집어 든 책이다. 슈나이드먼은 이 책에서 33살의 의사가 남긴 긴 자살 노트를 분석했고, 그 의사에게는 아서라는 가명을 붙여주었다. 그리고 자살 노트와 아서의 삶에 관한 구체적인 정보를 여러 정신과 의사에게 전달했고, 의사들이 각자 아서의 고통을 진단했다.

"젊은 남자가 진정성과 정체성, 개성을 찾아가는 사례다."

한 의사의 소견이다.

누군들 그렇지 않을까.

이 책을 읽으면서 아서와 내 동생 사이에 표면적으로 비슷한 점이 얼마나 많은지 확인하고 충격을 받았다. 아서도 데이비드처럼 음식에 관해 심각한 문제를 안고 살았다. 아서는 소스도 없이 고기만 먹고 과일이나 채소는 입에도 대지 않았다. 6살까지 엄지손가락을 빨았다.

데이비드도 어릴 때 버터를 얹은 로스트비프, 으깬 감자, 소스 없는 파스타, 치킨 누들 수프는 먹고 다른 건 많이 먹지 않았다. 동생도 항상 엄지를 열심히 빨아서 살갗이 까지고 피가 날 정도였다. 의사가 엄지를 빨지 못하게 역한 맛이 나는 분홍색 연고를 처방해주었지만, 동생은 그걸 아이스크림처럼 다 빨아 먹었다.

아서에게는 운동도 공부도 더 잘하는 두 살 위의 형이 있었는데 우리 집 사정도 비슷했다. 아서는 우울증을 교묘하고 재치 있게 감추면서 삶을 구분했다. 꼭 데이비드처럼.

게다가 아서와 데이비드 모두 일이 잘 풀리던 시점에 목숨을 끊었다. 모순으로 보인다. 힘든 시기를 견디고 살만 하니까 끝내다니. 누군가는 고통으로 심각하게 무력해져서 스스로 목숨을 끊을 힘조차 내지 못한다. 결단력도 의지도 없다. 그러다 조금 나아지면 갑자기 자기를 죽일 힘이 생기고, 일부는 실행에 옮긴다. 주위 사람들에게 평소보다 더 행복해 보이는 이유는 드디어 끝이 보이기 때문이다. 다시 밝아져서 친구나 가족은 길고 고통스러운 우울증이 끝난 줄 알지만, 사실은 결심이 선 것이다.

아서와 내 동생은 둘 다 자살을 시도한 전력이 있었다. 누군가는 한 번의 시도로도 충분하다. 어릴 때 놀다가 장난이 심해져서 누구 하나 다치고야 말 때처럼 별안간 뚜렷한 결과로 나타나는 것이다. 하지만 누군가에게는 실패한 시도가 첫 번째 결정적 단계가 된다. 스스로 그런 생각을 품고 있다는 사실이 증명되는 순간이기 때문이다. 우리 가족이 몰랐던 첫 시도를 시작으로 데이비드는 통계적으로 죽음에 한 단계 다가선 것이다.

아서는 15살에 처음 자살을 기도했다. 어느 주말 캠핑에서 인기 있는 친구들과 어울렸다. 전에는 그럴 기회가 없었다. 거기서 괜찮은 여자아이를 만났다. 기쁨으로 가슴이 벅찼지만 이내 자신의 삶이 이런 양상을 답습할지 모른다는 두려움에 사로잡혔다. 기나긴 소외와 우울의 시간 사이사이 불확실한 즐거움이 끼어드는 식으로. 아서는 타이레놀을 잔뜩 먹고 스스로 삶을 마감했다.

아서의 형은 가족이 조금만 더 일찍 알았더라도 뭔가 조치를 취할 수 있었고, 동생을 살릴 수도 있었을 거라고 생각했다. 하지만 아서의 여동생은 오빠의 자살이 불가피했다고 보았다. 누구도 해줄 수 있는 게 없었다는 것이다.

난 데이비드를 살릴 수 있었다고 생각했다. 데이비드가 손을 내밀기만 했다면. 아니, 어쩌면 손을 내밀었을 수도 있다. 잘 보이지 않게. 우리는 거의 연락하지 않고 살았다. 그러다 몇 년 전에 동생이 한번 연락한 적이 있다. 일이 잘 풀리지 않던 시기였다. 술을 마시다가 전화한 것 같았다. 횡설수설하며 최근에 있던 일들과 말썽 많은 공연, 연애 문제, 돈 문제를 털어놓았다.

"이제 캘거리로 돌아갈 때인 것 같아. 거기는 음악계도 넓고 옛 친구들도 있고 일자리를 구할 기회도 더 많으니 다시 시작할 수 있을 거야."

동생은 이렇게 대꾸했다.

"응, 아마도."

"북쪽 지방의 어둠은 나한테는 수의처럼 느껴졌을 것 같아, 데이비드."

"형, 난 야행성이잖아."

우리는 잠시 더 통화했다. 어른이 된 뒤로 내가 형처럼 말한 몇 안 되는 순간이었다.

아서는 우울증을 앓는 한편, 빚도 지고 실연의 상처도 입은 상태였다. 그의 노트에 적힌 글 일부는 최근에 헤어진 여자친구에게 보내는 글이었다. 역시 데이비드처럼.

그 책을 읽으며 많은 자살 연구자처럼 일정한 양상을 발견하려 했다. 연구자들은 국가(리투아니아, 카자흐스탄, 슬로베니아, 일본의 자살률이 모두 높다), 직업(의사), 결혼 여부(이혼하거나 독신인 사람들의 자살 가능성이 높다), 행동 양식(과음, 심한 흡연, 마약 중독)을 막론하고 나타나는 일정한 양상을 발견했다.

한 연구에서는 스포츠에서 지는 팀과 자살의 상관관계를 알아보았다. 예를 들어 몬트리올 캐나디언스가 플레이오프전에서 조기에 탈락하면 퀘벡의 자살률이 증가한다, 미식축구의 오하이오 버키스가 승리하면 오하이오의 자살률이 감소한다와 같은.

시카고 컵스처럼 패배와 동의어가 된 팀의 경우 해마다 자살하는 사람이 많을 것으로 예상할 것이다. 시카고 컵스는 2016년 월드시리즈에서 우승하기 전까지 1908년부터 이긴 적이 없다. 그런데 그렇지가 않다. 사회학자는 빈번한 패배가 컵스 팬들을 하나로 묶어주기 때문이라고 분석한다.

자살에 관한 가설은 많지만 진실은 드물다. 프랑스 심리학자 귀스타브 르 봉은 이렇게 썼다.

진실 없이 손쉽게 행동하는 사람은 많아도 착각 없이 행동할 만큼 강인한 사람은 없다.

자살의 위장된 형태 중 하나는 모든 착각을 버리는 것이다. 더 건강해지고, 더 행복해지고, 빚도 다 갚고, 사랑을 찾고, 자고 나면 어둠이 걷히고 해가 뜰 거라는 착각 말이다.

드문드문 보이던 파란 하늘이 청회색 구름에 덮인 채 스산한 풍경 속에서 이차원으로 보였다. 바람이 거세졌다. 수면 박탈도 심해서 환각을 경험할 지경에 이르렀다.

노를 저으며 남쪽 강둑에 모인 큰까마귀 떼를 지나쳤다. 머릿속에 히치콕의 영화 〈새〉가 불길하게 재생되면서 주인공 티피 헤드런

이 까마귀와 갈매기들과 싸우고 있었다. 데이비드는 까마귀의 공격을 받은 적이 있다. 까마귀가 데이비드의 머리에 앉아서 쪼았는데, 데이비드는 큰 충격을 받았다.

내 눈은 어느새 안내 책자에서 본 추락한 비행기를 찾아보고 있었다. 아브로 앤슨 비행기 잔해가 깨끗한 강물 속 어딘가에서 섬뜩하게 보인다는 설명이 있었다. 영국군 훈련기인 이 비행기는 1964년에 도난당했고, 비행기를 훔친 남자가 강으로 추락해서 스스로 목숨을 끊었다.

어느새 카누는 이 도시의 또 하나의 혜택이라고 할 수 있는, 미국 육군이 2차 세계대전 중에 알래스카 고속도로를 건설할 때 지은 펌프실 터를 지나가고 있었다. 안타깝게도 추락한 비행기는 찾지 못했다.

강폭이 급격히 좁아지면서 카누가 협곡 안으로 빨려들 듯이 들어갔다. 수천 년 동안 꿈쩍하지 않고 서 있는 검은 현무암 덩어리의 협곡이었다. 곳곳에 작은 소용돌이가 일어나 내가 탄 카누는 경박하게 흔들리고, 물살이 더 거세졌다. 검은 현무암 터널은 이 세상 것이 아니었다. 현실로 보이지 않았다.

부슬부슬 비가 내리기 시작했다. 내 뒤로 하늘이 어두워졌고, 검은 현무암 절벽이 강에 비쳐서 강물이 검게 변해갔다. 비가 퍼붓기 시작했다. 비를 대비한 장비라고는 가벼운 나일론 바람막이밖에 없었는데 썩 도움이 되지를 않았다. 빗속에서 노를 젓는 게 얼마나 고된 일인지 잊고 있었다.

오래전 호수 한복판에서 폭풍우를 만나 위험에 처한 적이 있다. 거센 바람이 불어와 우리는 계속 앞으로 나갈지 아니면 가려던 방향이 아니라 근처 호수가로 돌아갈지 의논했다. 우리 일행은 바람을 향해 나아가며 고개를 숙인 채 바람을 그대로 맞았고 비는 계속 거칠게 퍼부어 카누 안에서 서로에게 악을 써야 했다. 비에 흠뻑 젖은 채 지치고 무거운 몸으로 연신 노를 저으며 번개가 내리치기만을 기다렸다. 호숫가에 이르러 방수포를 깐 다음 그 속으로 들어가 푹 젖은 채 추위에 떨면서 앉아 있었다. 마냥 기다리는 수밖에 없었고, 기다리면서 할 일도 없었다.

나는 협곡을 지나 슈왓카호로 나왔고 빗속에서 연신 노를 저었다. 기운이 빠졌다. 단거리 선수가 너무 오래 달려서 몸이 타들어갈 듯 지친 정도는 아니지만, 피로에 팔다리와 뇌가 지쳐가고 있었다. 노 젓는 일에 그만 지쳐버린 것이다.

오지 조종사의 오두막이 근처 어딘가에 있어야 했지만, 폭우로 호숫가가 잘 보이지 않았고 사방이 온통 칙칙한 초록빛으로 일렁였다. 마침내 오두막이 보였다. 그 오두막 옆으로 바람이 불지 않는 작은 노두에 수상 비행기가 있었다. 그 집이 틀림없었다. 나는 호숫가로 노를 저어 가서 카누를 끌어 올려놓고 문을 노크했다.

조종사는 문을 열어주는 동시에 캠핑용품점에 전화를 넣었다. 캠핑용품점 사람이 오기를 기다리는 동안 조종사가 사흘 전 밤에 강에서 시신을 건져낸 이야기를 들려주었다.

나는 누가 그를 발견했는지 물었다. 다름 아닌 누가 데이비드를 발견했는지.

"전기회사 잠수부요. 그 사람 하는 일이 댐을 살펴보고 물속으로 들어가 수문을 점검해 문제될 만한 게 있으면 꺼내 오는 겁니다. 그 사람하고 그 사람 아들이 같이 찾았어요. 그 부자는 비행기를 타고 와서 강에 착륙했어요. 아들이 마라톤 선수라 트럭이 있는 시내로 뛰어가던 길에 물속에서 뭔가를 본 겁니다. 계속 지켜보라는 지시를 받았을 겁니다. 시신은 호숫가에서 토사와 모래를 뒤집어쓰고 있었어요. 거기서 겨울을 났을 겁니다. 경찰이 와서 시신을 쇠갈고리로 끌어냈죠."

"시신이 발견된 위치를 알려줄 수 있을까요?"

동생 시신이라고는 말하지 않았다.

조종사는 오두막에서 나와 호숫가를 따라 멀리 보이는 소용돌이를 가리켰다.

"저기요, 저 바위가 보이는 곳이에요."

난 호숫가를 따라 그리로 가서 잠시 하릴없이 그곳을 바라보다가 오두막으로 터덜터덜 돌아왔다.

조종사가 말을 이었다.

"그 친구는 지역 예술가였어요. 아마도 자살할 생각이 있었던 겁니다."

캠핑용품점 사람이 와서 트레일러에 카누를 실었고, 내 차를 세워둔 마시호 다리까지 태워다주었다. 난 차에 타자마자 히터를 틀었다. 빗줄기는 가늘어졌지만 구름이 끊임없이 하늘을 덮고 있었다. 햇빛이 가려져서 다행이었다.

난 호텔 방으로 돌아가 뜨거운 물로 샤워를 하고 깨끗한 옷으로 갈아입은 다음 다시 밖으로 나와 걸으면서 '더 98'이라는 데이비드의 단골 술집 앞을 지나가고 있었다. 전면이 서부영화 세트장처럼 생긴 술집이었다. 각기 다른 재질로 덮인 지저분한 창문이 네

개 달려 있었다.

술집 앞에 한 남자가 담배를 피우며 셔츠를 풀어헤쳐서 성난 잉크가 새겨진 가슴팍 캔버스를 드러냈다. 휘어진 부리처럼 생긴 코 중앙에 반창고가 붙어 있고, 일자로 다문 입술이 맹금 같은 인상을 주었다. 그는 나를 쏘아보았는데 내가 그 자리에 있어서 기분이 상한 듯했다.

식당에 들어가 피자를 주문하고 와인 두 잔을 들이켰다. 석 잔째 와인을 마시면서 맘속으로 잠이 오는 데 도움이 될 거라고 막연하게 생각했다. 불콰한 얼굴로 다른 손님들을 찬찬히 둘러보았다.

한 테이블에 혈기왕성하고 몸이 떡 벌어진 체구에 벌건 얼굴의 독일 남자들이 있었다. 독일인들이 무스 사냥을 좋아한다는 말을 들은 적이 있었다. 내가 아는 어떤 사람은 독일인들을 가이드하면서 밤에는 모닥불 앞에서 로버트 서비스의 시를 낭송하고, 독일인들에게 그들이 사냥한 무스가 전설에 남을 만하다고 추켜세웠다.

마지막으로 시내를 한 바퀴 더 돌아볼까 싶어 식당을 나섰다. 그 몇 블록 안에 동생 인생의 상당 부분이 살아 있었다. 더는 걷기도 힘들어서 또 하루의 잠 못 이루는 밤을 두려워하며 호텔 로비를 들어섰다. 노트에 몇 글자를 적고 흑백 영화를 잠깐 보면서 와인을 한 잔 더 마셨다.

잠을 설치며 달리의 그림 같은 꿈에 시달렸다. 새벽 4시에 눈이 떠지고는 다시 잠이 오지 않았다. 이제는 더 자지 않아도 될 것 같았다. 말똥말똥한 정신으로 눈을 크게 뜨고 송골매 같은 집중력으로 내게 남은 나날을 생각했다.

돌아갈 항공편은 7시였다. 짐을 싼 다음 체크아웃을 하고 공항에서 렌터카를 반납했다. 문득 데이비드의 시신을 직접 보지 못한 게 후회되었다. 십 년간 동생을 만난 시간을 합쳐봐야 겨우 일주일 정도다. 결국에는 검시관의 조언에 따른다는 핑계로 동생에게서 눈을 돌리고 말았다.

동생을 똑바로 봤어야 했다. 동생의 상한 얼굴에 고통이 아로새겨져 있었을 것이다. 노골적인 증거였을 텐데⋯. 그리고 나는 동생을, 상처 입은 남자에 의해 지워진 내 기억 속의 소년을 떠올렸다.

비행기에 탑승했다. 강렬한 태양이 조그마한 창문을 뚫고 들어왔다. 비행기가 이륙해 남서쪽으로 비스듬히 날자 그 도시가 마치 보드게임처럼 펼쳐지고 이내 뒤로 사라졌다.

후유증

데이비드의 추도식은 캘거리 부모님의 널찍한 집에서 치렀다. 옛 밴드 멤버들이 다시 모여서 몇 곡을 연주해주었다. 그중 한 멤버는 내게 데이비드가 음악적으로 지금의 그들을 있게 해주었다고 했다.

우리 가족은 데이비드의 재 일부를 로키산맥 오하라호로 가져갔다. 동생이 행복한 시절을 보낸 그곳으로. 우리는 아름다운 에메랄드빛 호수가 내려다보이는 가파른 산길을 올라가 각자 재를 조금씩 쥐고 바람에 날렸다. 아이비가 아빠의 재를 맨 먼저 날렸다. 그리고 우리 가족이 예전에 살던 시골집 아래 점핑 파운드 크리크에 재를 좀 더 많이 뿌렸다. 데이비드가 처음 결혼식을 올린 장소 근처였다.

퍼레이드든 감상적인 광고든 로비 번즈의 시든 관계없이 잘 우는 어머니는 많이도 울었지만, 여전히 생생히 슬퍼했다. 나는 데이비드에게 마지막 인사를 하고 영면에 들게 했다.

아니 영면에 들지 못했다. 자살의 문제는 계속 의문을 품게 한다는 점이다. 결국에는 '왜 그랬을까?'라는 의문이다. 내가 반년 전에 자살에 관한 책과 논문을 읽고 사람들을 인터뷰하면서 시작한 여정은 이제 잠잠해지기는커녕 더 단단해지고 있었다. 사람들이 자살로 세상을 떠나면 뒤에 남는 건 자살 그 자체다. 그것은 하나의 국가가 된다. 처음에 자살이라는 국가의 방문객이었지만 결국 시민과 비슷해졌다.

요청한 데이비드의 부검 보고서가 몇 주 뒤 우편으로 날아왔다. 의학적 사인은 '디펜히드라민 중독과 익사'였다. 디펜히드라민은 수면제 나이톨의 활성 성분이다. 동생의 간에서 에틸알코올과 함께 코카인 대사물질인 벤조일렉고닌이 미량 검출되었다. 동생은 이틀간 생을 마감하는 여행을 떠난 것 같았다.

처음에는 심각한 건강 문제를 발견하고 어차피 닥칠 미래를 미리 앞당기려 한 게 아닌가 싶었다. 동생의 생활습관은 전혀 건강하지 않았고, 은퇴한 석탄 광부처럼 기침을 했다. 폐암이 아니었을까, 수십 년간 피운 대마초와 담배가 온몸에 퍼져서 마침내 청구서를 내민 건 아닌가.

평생 비쩍 말랐던 동생은 사십 줄에 들어서자 살이 붙었다. 심장과 간, 폐를 비롯해 망가질 만한 후보가 몇 있었다. 채소를 전혀 먹지 않는 식습관으로 인해 괴혈병에 걸렸을 수도 있지만, 부검 보고서에 적어도 건강은 나쁘지 않았던 것으로 나왔다.

나는 자살을 다루는 정신과 의사 몇 명과 인터뷰를 하고, 논문을 조금 더 읽어보고, 정부 홈페이지에 접속해 해외에서 열리는 자살 관련 학회에도 가보기로 막연한 계획을 세우면서 자살의 세계에서 유령처럼 배회했다.

우리 가족은 데이비드의 부재로 조금 더 가까워졌다. 나는 부모님께 안부 전화를 자주 하고, 시간 날 때마다 만나러 갔다. 한번은 아버지와 함께 보우강 강변을 따라 자전거를 타기도 했다. 팔십대인 아버지는 일주일에 세 번은 근처 대학 체육관에 다니고 자전거도 즐겨 타는 편이다.

우리는 북쪽 강둑을 따라 동물원 쪽으로 달리다가 강을 건너서 다시 남쪽 강둑을 따라 돌아오는 중간에 잠시 벤치에 앉아 쉬면서 보우강을 바라보았다.

"가끔 여기서 강을 보며 데이비드 생각을 한단다."

아버지가 말문을 열었다. 불현듯 데이비드의 죽음이 아버지에게서 얼마나 많은 것을 앗아갔는지 깨달았다. 당연한 건데도 그때까지는 자각하지 못하고 있었다.

어머니는 감정을 잘 드러내는 편이었다. 당신 아들이 어떻게 떠나버렸는가. 하지만 우리 가족은 데이비드 얘기를 꺼낼 때면 항상 어린 시절의 에피소드를 기분 좋게 떠올렸다.

부모님은 소중히 간직해오던 19세기의 낡은 스타인웨이를 팔았다. 광고처럼 프란츠 리스트가 연주했을 수도 있지만, 데이비드가 연주한 피아노인 것만은 분명했다. 나는 피아노의 빈자리가 내게 주는 영향을 깨닫고 놀랐다. 어머니는 피아노를 치지 않았다. 아버지도 어쩌다 한 번씩 쳤을 뿐이다. 두 분 다 그 자리의 피아노를 보면 데이비드가 떠오르는 걸 견딜 수 없었는지 모른다. 무덤에 가장 가까이 있는 물건, 기분이 좋을 때 가끔 한 번 볼 수는 있어도 늘 곁에 두고 사는 것은 불가능했으리라.

나라면 그 피아노를 기꺼이 가져왔겠지만 수리하고 토론토로 옮기는 데 큰돈이 들었을 테고 마땅히 갖다 놓을 곳도 없었다. 게다가 내 피아노 실력은 형편없었다. 그래도 난 상실감에 시달렸다.

자살은 계속 수수께끼로 남는데, 어쨌든 당사자가 떠나고 없기 때문이다. 하지만 상실감에서 살아남은 사람들에 대해서는 상세히 연구가 이뤄졌다. 자살을 애도하는 것이 다른 죽음을 애도하는 것보다 더 복잡하다는 데는 누구나 동의한다. 자살에 대한 애도는 충격, 부정, 죄책감, 슬픔, 분노를 동반한다. 대개는 이유를 이해할 필요가 있다. 정신건강 홈페이지에서는 이렇게 경고한다.

'이유'를 이해하는 과정은 어려운 길이다. 사랑하는 사람의 죽음을 둘러싼 상황이 명백하지 않고 이해하기 쉽지 않기 때문이다. 어떤 질문의 답은 끝까지 찾지 못할 수도 있다.

애도 과정은 단계별로 정리되어 있다. 심각해졌다가 다시 괜찮아지다가, 서서히 일상으로 돌아간다고 생각한다. 삶은 복합적이다. 이때 '복합적'이라는 정의는 평범한 삶으로 돌아가는 것이 불가능하다는 뜻이다. 자살한 사람에 대한 애도는 기본적으로 죄책감과 함께 이해하지 못할 처지로 인해 복합적이다. 나는 오랫동안 데이비드의 죽음에 관해 누구에게든 뭐라고 말해야 할지 몰랐다.

내가 아는 사람 중 처음 자살한 사람은 케네디 가문처럼 보이던 이웃집 아이였다. 미모, 돈, 지성, 운동 능력을 무색하게 하는 선택이었다. 그 집 안의 네 아들 중 하나가 레드강에서 제트보트를 몰다가 고의로 다리의 시멘트 지지대를 들이받고 죽었다. 얼마 안 가서 다른 아들도 스스로 생을 마감했다.

나는 슬프면서도 당혹스러웠다. 그 집 안은 시쳇말로 사람들이 갈망하는 모든 것을 가졌다. 사이먼 앤 가펑클의 〈Richard Cory〉에서 모든 것을 가진 남자가 집에서 자기 머리에 총알을 박아 넣는다는 가사가 생각났다. 그 뒤로도 십 년 넘게 내가 아는 자살한 사람은 그 집의 두 형제뿐이었다.

다음으로 기자 친구가 있다. 그 친구와는 1980년대에 살던 몬트리올의 한 문학 행사에서 만났다. 그 친구가 먼저 다가와 스티븐이라고 자기 이름을 말하며 인사를 건넸다. 그는 전국 신문의 예술 분야 기자였다. 둘 다 작가이니 서로 알고 지내야 할 것 같다고 스티븐이 말했다.

그는 본인의 계층에 어울리는 훌륭한 품행을 지닌 소유자였다. 형은 국회의원, 아버지는 상원의원이었다. 사립학교를 나왔고, 여름에는 시골 별장에서 보낸다고 했다. 이제는 과거의 유산으로 남은 고상한 상류층의 삶이었다. 그는 이스트엔드에서 공연하는 연극에 나를 초대했다. 평론을 써야 할 작품이라면서. 평단의 극찬을 받았다는 독일 극단의 공연이었다.

극장은 온통 검은색이었다. 무대 위에 복잡해 보이는 강철 장치가 눈에 띄었다. 잠시 아무 일도 일어나지 않다가 장치가 조금 흔들리는가 싶더니 뭔가가 떨어졌다. 알고 보니 밀가루였고, 장치는 거대한 체였다. 고운 밀가루가 검은 무대 위로 떨어지고 있었다. 그 중 일부가 맨 앞 열로 떨어졌고, 기침 소리가 조금 났다.

밀가루가 무대에 충분히 떨어지자 검은 옷을 입은 남자가 등장해 스타킹을 신은 발로 스케이트를 타듯이 무대 위에서 움직였다. 발을 끌고 지나간 자리에는 흰 가루 속에 검은 선이 생겼다. 거칠고 기계적인 무대 음악이 흐르는 가운데 그는 단순한 선으로 물고기 모양을 만들었다. 타원에 삼각형 꼬리가 붙은 형체였다. 삼십 분쯤 지나자 그 남자는 고양이 같은 형체를 그리고 있었다.

스티븐이 내 쪽으로 몸을 기울여 속삭였다.

"제가 빚졌네요."

한 시간쯤 후에는 검은 옷의 독일인들이 그린 그림이 무대 바닥에 몇 개 더 생겼다. 온통 밀가루 천지였다. 기침 소리는 여기저기서 더 많이 들렸다.

스티븐이 다시 내 쪽으로 몸을 기울였다.

"제가 소원 하나 들어드리죠."

우리는 어느 일요일에 로열산 동쪽 음지에 자리 잡은 공공 테니스 코트에서 테니스를 쳤다. 어릴 때 테니스 레슨을 받은 스티븐은 경기 방식을 잘 이해하고 있었지만, 운동신경을 타고난 사람은 아니었다. 반면 난 늦게 독학으로 테니스를 배웠지만 워낙에 운동을 잘했다. 따라서 우리는 좋은 맞수였다. 그는 쉴 새 없이 공격하면서 스매시를 날리려 했다.

"당신은 성공률 낮은 연쇄살인범처럼 테니스를 쳐요."

언젠가 그가 내게 한 말이다.

테니스를 치고 동네에서 브런치를 먹으며 몬트리올의 풀리지 않는 의문들에 관해 이야기했다.

일 년 후 스티븐은 토론토로 돌아갔다. 몇 년 뒤에는 나도 토론토로 돌아갔다. 이런저런 파티에서 그를, 술잔을 들고 대화를 나누는 나른해 보이는 키 큰 사내를 만났다. 그러다 조간신문에서 그의 부고를 보았다. 우리 둘 다 아는 한 친구에게 들은 말로는, 그가 며칠간 사라지고 아내나 가족 또는 친구들과 연락이 닿지 않았다고 했다.

난 몰랐지만, 그는 가끔 우울증을 앓았고, 모두가 걱정하던 차였다. 가족이 경찰에 신고했는데 예정된 인터뷰를 진행하러 나타나 프로답게 일을 마무리했지만 그 후로 다시는 누구와도 연락하지 않았다.

2월의 매섭게 추운 날이었다. 스티븐은 깊은 골짜기로, 그러니까 이 도시를 뱀처럼 가로지르는 공원과 노숙자 구역으로 들어갔다. 그리고 차들이 분주히 오가는 고가도로 아래에서 손목을 그었다. 날이 추웠기 때문에 과다출혈이 아니라 저체온증으로 사망했다. 노숙자가 그를 발견해서 지나가는 사람에게 알렸고, 그가 경찰에 신고를 했다.

스티븐의 장례식에 참석했다. 성대하면서도 침통한 자리였다. 토론토 상류층 사람들이 성공회교회 신도석을 가득 메운 나머지 다른 공간까지 채웠다. 우리 둘 다 아는 친구가 추도사를 시작했다.

"음, 이 친구는 스쿼시를 잘 치지는 못했지만…"

그의 죽음은 내게 적잖은 충격으로 다가왔다. 나보다 그를 훨씬 잘 아는 친구들은 그의 죽음을 이해하고 싶은 마음에 추도식에서 그를 분석하려 했다. 그는 부유한 집 안에 태어났고, 재능을 타고난 작가였으며, 아내는 임신 중이었다. 누구도 그가 왜 그랬는지 설명하지 못했다.

동생이 목숨을 끊기 전에 자살과 관련된 이런 경험 몇 번이 내가 사적으로 영향을 받은 자살의 전부였다. 그러나 동생이 죽은 뒤로 자살의 홍수를 뚫고 나가는 느낌이었다. 한편으로는 사람들이 나를 위로한다면서 자기네 가족의 자살에 관해 들려주려 한 탓도 있었다. 또 한편으로는 스스로도 신문 부고란을 펼쳐서 자살 기사를 찾아보려 했다.

부고란을 읽는 사람들은 세 가지 현대적인 죽음이 있다는 점을 이해한다. 나처럼 부고란을 읽는 사람들은 꽤 많다. 갑작스러운 죽음, 평온한 죽음, 암과 용감히 싸우다 맞이하는 죽음이다. '갑작스러운'이란 말이 꼭 자살을 뜻하는 건 아니다. 사고사일 수도 있고 예기치 못한 심장발작에 의한 죽음일 수도 있다. 다만 자살을 완곡하게 기술할 때 자주 쓰이는 표현이다. 주로 어조로 짐작할 수 있고, 조화 대신 조의금을 보낼 기관으로도 알 수 있다.

나는 부고란에서 항상 죽은 이들의 나이를 확인한다. 대개 사십 대 또는 오십 대 중년 남녀이고, 그들의 죽음은 사랑하는 사람들에게는 큰 충격을 안겨주었을 것이다.

데이비드가 죽고 몇 년 후 캘거리의 한 친구가 내게 전화를 걸어왔다.

"러스티가 죽었어."

"뭐? 어쩌다."

"스스로 목숨을 끊었대. 발코니에서 목을 매달았다네."

정황은 모호했다. 러스티는 멕시코에서 오래 지내다가 돌아와 중년을 새로 시작해보려던 참이었다. 건강 관리를 잘하면서 매일 만 보씩 걷고 있었다. 멕시코에서 그의 세계는 혼탁하고 퇴폐적이었지만 다 지난 일이었다. 다시 깨끗하게 주님의 나라로 돌아왔지만 까다로운 여자가 얽혀 있었다. 그러다 슬프고 불가사의한 죽음을 맞은 것이다.

일 년이 지나고 나서 11살짜리 우리 아들이 우울한 교외 지역에서 하키 경기를 하는 걸 구경하던 중 같은 친구에게서 전화가 와 다른 친구가 자살했다는 소식을 전했다. 대학 시절에 알던 그는 재치 있고 왜소하고 여린 친구로, 해안 지방에서 컴퓨터 관련 일을 하고 있었다. 그를 못 본 지 이십 년이 지나 있었다.

어떻게 된 건지 궁금해서 친구 아내에게 전화를 했다. 그의 아내 말로는 친구가 한 직업에 끝내 정착하지 못했다고 했다. 석사학위를 받고 여러 분야를 전전했다는 것이다.

서점에서도 일하고 외국인에게 영어를 가르치는 일도 하고 지방으로 내려가 얼티미트 프리스비*를 고등학교 체육 과정에 넣으려고 노력하기도 했다. 기술 작가로서 광고업계에서 일한 적도 있었다. 마지막에는 인터랙티브 미디어 분야에 종사했다. 지적으로 왕성하던 그는 나이가 들어가며 동료들과 갈등을 일으키고 한 직장에 오래 다니지 못했다.

그의 아내는 그가 인터랙티브미디어학회에 참석하기 위해 유럽까지 간 적이 있다고 했다. 아이디어를 발표하기 위해. 그런데 생각만큼 일이 잘 풀리지는 않았나 보다.

"제가 공항으로 마중 나갔어요. 몹시 지치고 패배감이 깊어 보였어요. 그런 그이는 또 처음이었어요."

---

* 두 팀으로 나눠 플라스틱 원반을 던져 주고받으며 펼치는 스포츠 경기.

그때가 사십 대 초반이었다.

유럽에 다녀오고 얼마 지나지 않아 그는 아래층으로 내려오더니 아내에게 병원에 데려다달라고 했단다. 자살할 것 같아 겁난다면서. 그는 사흘간 정신과 병동에 입원했다. 의사는 그에게 일을 잠시 쉬라면서 우울증약을 처방했다. 여름에 치료를 받으면서 회복된 듯 보였고, 그는 집 밖에서 컨설팅 일을 조금 하며 지냈다.

이후 인터랙티브 디스플레이 회사에 들어갔다. 처음에는 기분 좋게 잘 다녔지만 얼마 안 가서 좌절하고 분노했다. 동료들은 이십 대나 삼십 대였고, 그는 책임자가 아니었다. 전통적 위계질서가 전복되어 젊은 사람들이 나이 든 사람들에게 명령하는 시대였다. 그는 퇴근하고 집에 와서 와인을 마시며 회사 욕을 했고, 넉 달 만에 그만두었다. 그나마 상태가 좋을 때는 저녁에 술을 마셨고, 상태가 좋지 않은 날에는 대낮부터 마셨다.

부부가 기르던 반려견이 죽어서 충격을 받았지만, 곧 다른 반려견을 입양해 그의 삶을 연장할 수 있었다. 그는 반려견 주인들이 공원에서 반려견끼리 놀이 약속을 잡을 수 있는 앱을 개발하는 아이디어를 냈다. 반려견 놀이공원 관계자들에게도, 그쪽 업계의 지인들에게도 이 아이디어를 말했다. 한동안 사업이 잘될 거라는 희망에 들떠 지내다가 갑자기 그 아이디어가 성공하지 않을 거라고 판단한 모양이다.

그때부터 급격히 무너지기 시작한 것 같다고 그의 아내는 전했다. 그는 다시는 정신과 병동에 들어가고 싶지 않아서 아무에게도 얼마나 우울한지 알리지 않았다. 잠도 자지 않고 거의 먹지도 않고 술만 마셨다.

그가 몇 주에 걸쳐 죽음을 계획한 건 분명했다. 아내 혼자서 그를 발견하지 못하게 하려고 처제를 집으로 부르게 했다. 원래는 아내가 공항으로 처제를 데리러 갈 때 자살할 생각이었나 보다. 하지만 공항에서 아내가 차의 배터리 표시등이 깜빡거린다며 교체해야겠다고 전화를 한 것이다. 그래서 차 배터리를 교체할 때까지 그는 자살을 연기했다.

이튿날 처제가 무릎을 다쳤고, 그는 심각해 보인다면서 병원에 가봐야 한다고 했다. 처제와 아내는 몇 시간 동안 집을 비웠다. 집에 돌아온 아내는 주방 아일랜드 탁자에 놓인 쪽지를 발견했다. 그는 종종 외출해서 언제 돌아올 거라는 쪽지를 남겼다. 이번에는 자살을 결심했으니 911에 전화하라고 쓰여 있었다. 아내가 비명을 지르며 그의 이름을 부르자 그가 2층에서 대답했다. 아내가 뛰어올라가 보니 자기 몸을 칼로 그어서 피범벅이 되어 있었다. 손목부터 목을 향해 필사적으로 그은 모양새였다.

아내가 911에 전화를 했고, 구급차가 도착했다. 그는 기적적으로 살아났다. 일주일간 병원에 입원했다. 첫날은 병실 문 앞을 경비원이 지키고 있었다. 하지만 그는 의사들에게 자기가 실수한 것이고, 도움을 받고 싶고, 살고 싶다고 납득시켰다. 정신과 병동에 병실이 모자라서 그는 일반 병동에 입원한 터였다. 첫날 밤 이후로는 아무도 병실 앞을 지키지 않았다.

일주일이 지나자 그는 퇴원할 만큼 상태가 좋아졌다. 그는 병원 복도를 따라 방문객 휴게실로 들어가자마자 발코니로 나가서 뛰어내렸다. 그 즉시 인도에 떨어져 죽었고, 쉰여덟 번째 생일을 하루 앞둔 날이었다.

그는 편지 다섯 장을 남겼다. 조리 있고 감동적이고 가슴 아픈 편지였다. 빠르게 변하는 세상을 더는 따라잡을 수 없고, 일에서 실패했고, 가장으로서도 실패했다고 적었다. 고통에서 빠져나올 방법이 보이지 않으며 이런 끔찍한 고통을 반복해서 겪어야 하는 현실과는 더는 마주할 수 없다고도 적었다.

나는 사람을 그렇게 단호하고 그렇게 과격하게 만드는 고통의 실체가 무엇인지 궁금했다. 그는 온화한 사람이었다. 언젠가 젊은 시절에 그가 알몸으로 문을 열어주면서 퐁디셰리에서는 평상복이라고 말하던, 그러면서 퐁디셰리는 인도에서 가장 더운 도시 중 하나라고 말하던 기억이 났다.

유럽의 그 학회에 갔을 때 일이 잘 풀렸다면 그는 어떻게 됐을까? 그의 삶에서 몇몇 순간을 바꾸면 결과는 달라졌을까? 많은 사람이 이런 순간을 생각한다. **만약 이랬다면?** 나쁜 일이 하나하나 쌓여서 결국에는 우리가 일어서지 못할 때까지 타격을 가한다.

중년에 나는 자살한 여덟 명(모두 남자)과 자살을 시도한 세 명(여자 두 명과 남자 한 명)을 안다. 통계를 반영하는 수치다. 현재는 40세에서 59세 사이가 자살률이 가장 높아서 더 젊거나 더 나이든 사람들의 자살률을 합친 것보다 높고, 특히 남성의 자살이 중년 자살의 80퍼센트를 차지한다.

우리 세대의 자살률이 우리 아버지 세대보다 60퍼센트 높다. 돈으로나 가정으로나 이제 좀 한숨 돌릴 만한 시기인 사십 대와 오십 대에 나날이 절망에 빠져든다는 뜻이다. 자살한 내 동생과 친구들도 이런 절망적인 추세의 일부라고 할 수 있다.

역사적으로 자살에 가장 취약한 두 시기는 청소년기와 노년기다. 두 집단 모두에서 소외감이 자살의 주된 요인으로 꼽힌다. 청소년기에는 혼란과 의심에 빠진 채 자신의 역할을 찾아간다. 노년기에도 비슷한 문제에 직면한다. 자기가 쓸모없는 존재이고 건강도 나빠지고 스스로의 생각조차 믿을 수 없다는 생각에 빠지는 것이다.

하지만 이렇게 문제를 안고 사는 양극단 사이의 한 집단인 중년은 그럭저럭 만족하면서 살아왔다. 중년이 되면 사랑, 일, 가족에 대해 확신까지는 못해도 어느 정도 건사할 능력을 갖춘다. 경제적으로도 이십 대의 갈망과 팔십 대의 궁핍 사이에 있다. 착각이라도 어쨌든 행복하다.

중년은 자살 세계에서 소강기였고, 통계에서도 낮고 안정적인 추세를 보였다. 최근까지는 중년에 자살하는 사람이 적어서 중년의 자살을 다룬 연구도 많지 않았다. 그런데 21세기에 들어서며 이런 추세에 변화가 생겼다.

우리는 다양한 삶을 겪으면서 50세에 이른다. 제대로 준비를 갖춘 상태에서 젊고 건강한 승리감으로 자신만만한 사람도 있지만, 대다수는 조심스럽게 50세에 이른다. 오십 대는 신체적으로, 경제적으로, 정신적으로, 심판을 요구하는 첫 십 년이다. 지난 삶을 돌아보면서 심판하지 않기란 여간 쉽지 않다.

1964년 2월, 동생과 나는 흑백텔레비전 앞에 앉아 〈에드 설리번 쇼〉에 나오는 비틀스의 데뷔 무대를 보았다. 그보다 더 행복한 소리가 있었던가. 그 순간 우리와 같은 수백만 명이 무의식중에 같은 방향에 끌렸을 것이다. 유혹적인 청춘의 힘에 끌린 것이다. 단순하고 행복한 노래가 텔레비전에서 흘러나왔다. 그 십 년이 끝날 무렵 우리 세대는 비틀스처럼 나날이 복잡해지고 사이가 멀어지기 시작했다.

하지만 사람들은 계급, 성별, 지역, 정치로 분열되기 일쑤고 나이를 기준으로 베이비붐 세대로 불리는 십팔 년(1946~1964년 출생) 안에서도 마찬가지다. 우리 세대는 다채로운 집단이고 중년이 되면서 더 다양해졌다. 막대한 인구로 세상에 나오고 소비주의와 이상주의가 충돌하는 그늘 속에서 태어나 수많은 현수막 아래서 행진했지만 가장 빛나던 건 청춘이었다.

우리는 청춘이라는 단어를 우리가 정의했다고 믿고, 청춘을 한껏 즐겼고, 청춘을 움켜쥐고서는 다음 세대에 내주기를 거부했다. 언젠가 레너드 코헨은 오늘의 문화에서는 60이 될 때까지 청춘이라는 개념을 붙잡을 수 있고 그다음에는 음악과 마주해야 한다고 했다.

길 잃은 소년들

중년 자살의 급증에 관한 최초의 연구 중 하나는 러트거스대학 사회학자 줄리 필립스와 동료 연구자 세 명이 2010년에 발표한 〈중년 자살률의 최근 변화에 대한 이해: 시대 효과인가, 동년배 효과인가?〉라는 논문이다.

시대 효과는 누구에게나 영향을 미치는 역사적·문화적 조건이지만 특정 집단에 특히 더 영향을 미칠 수 있다. 1929년의 대폭락이 좋은 예다. 하지만 필립스가 들여다본 1999년에서 2005년 사이에는 대변동이라 할 만한 사건이 없었다.

사회학 관점에서 대규모로 영향을 미치는 또 하나의 원인은 동년배 효과다. 베이비붐 세대는 20세기의 가장 큰 동년배 집단으로 한정된 자원을 두고 치열한 경쟁을 벌여야 했다. 필립스는 이 연구에서 자살률이 가장 많이 증가한 집단은 베이비붐 세대에서 결혼하지 않고 대학 학위가 없는 사람들이라는 결과를 얻었다. 경제적 자원을 놓고 벌이는 경쟁은 직업적으로 경쟁력이 가장 떨어지고 배우자에게서 경제적·도덕적으로 지지를 받지 못하는 부류에게 가장 큰 타격을 준다는 가설을 뒷받침하는 결과다.

사회학자들은 베이비붐 세대에서 우울증이 비교적 높은 현상도 발견했다. 어느 정도는 우리 앞의 금욕적인 세대, 즉 사회학자들이 정당한 이유로 침묵의 세대로 명명한 세대보다 우울증에 대한 인식이 높고 그만큼 진단을 자주 받기 때문일 수 있다. 물론 약물남용 비율도 높은데, 이쪽으로는 베이비붐 세대가 일 등이다.

베이비붐 세대에 관한 사회학 연구가 항상 좋은 결과만 내놓는 건 아니다. 우리는 이전 세대가 가진 대처 기제를 개발하지 못한 집단이다. 지나치게 이상주의적이고 역경과 마주한 적이 없다. 순전히 인구가 많아서 주어지는 특권의식도 있다.

나는 필립스에게 전화해서 그의 연구에 관해 질문했다. 필립스는 베이비붐 세대의 자살률은 항상 높았다고 했다. 1970년대에는 20세에서 24세 사이의 집단 자살이 부모 세대가 같은 연령대일 때의 자살률보다 세 배나 높았다.

"베이비붐 세대가 인생의 단계마다 안고 사는 특유의 위험이 있습니다."

베이비붐 세대의 자살률은 모든 연령에서 앞선 모든 세대보다 높고, 이후 세대보다도 높다. 특히 중년에 가장 절망적이다. 필립스는 이렇게 말했다.

"임상 연구에서는 자살한 사람을 아는 것이 나중에 자기도 자살할 가능성에 위험 요인인 것으로 명백히 드러납니다. 청소년기의 높은 자살률이 실제로 베이비붐 세대 중년의 높은 자살률에 기여할 수 있지만, 지금으로선 추정일 뿐입니다."

말도 많고 탈도 많은 베이비붐 세대를 뒤이은 세대들은 우리보다는 더 잘 대처하는 듯하다. 필립스는 새로운 가족과 일의 구조가 새로운 기준이 되고 밀레니엄 세대에 대한 경제적 기대치가 적당한 수준(집이나 차를 소유하지 않고 여섯 가지 직업을 갖는 형태)으로 맞춰지면서 자살률이 감소할 거라고 내다보았다.

"사람들이 기대치를 조정할 겁니다."

그리고 실제로 그렇게 되는 듯하다. 미국자살예방재단에서는 2016년에 베이비붐 세대의 자살률이 인구 10만 명당 19.72명으로 가장 높았던 반면 15세에서 24세 사이의 자살률은 10만 명당 13.15명으로 유의미하게 낮았다.

그러면 노년기는 어떨까? 베이비붐 세대가 노인이 되면, 그러니까 요가나 성형수술, 명상으로도 늙음을 숨길 수 없는 시기가 오면 어떻게 될까?

"자살률이 높아질 가능성이 더 큽니다. 보통은 나이가 들수록 종교를 더 많이 찾는데 베이비붐 세대는 그런 현상이 없습니다. 예수님 품으로 들어가지 않아요."

줄리 필립스가 연구를 발표하고 오 년이 지난 후 특히 백인 베이비붐 세대의 상황이 더 심각해졌다.

중년의 백인 미국인들에게 놀라운 일이 벌어지고 있다. 다른 모든 연령 집단과 달리, 다른 모든 부유한 국가와 달리, 이 집단의 사망률은 높아지기만 할 뿐 줄어들지 않았다.

2015년 프린스턴대학 경제학자 앵거스 디튼과 앤 케이스 부부

연구팀의 연구를 소개하는 〈뉴욕타임스〉의 기사다. 디튼은 노벨 경제학상을 수상한 연구자다. 이 부부는 미국질병통제예방센터의 자료를 분석해 북미의 중년 백인들만 전반적으로 하락하고 있다는 결론에 이르렀다.

디튼은 이렇게 사망률이 급증한 원인은 당뇨병과 심장 질환이 아니라 자살, 약물 남용, 간 질환, 헤로인, 처방 오피오이드라고 지적했다. 그리고 이렇게 적었다.

현대 사회에서 이에 비견할 만한 예로는 HIV/AIDS밖에 없다.

사망자 다수, 즉 열 명 중 일곱 명이 백인 남성이다. 신문들이 논란을 이어갔다.

잘못된 남성성이 백인 남성의 사망률을 네 배까지 높일 수 있다.
베이비붐 세대의 자살률 증가, 나이가 들수록 더 증가할 수 있다.

'유행병'이라는 단어가 유행했다. 자살예방센터에서는 중년 남성에게 도움이 되는 《남자와 자살: 고위험군》이라는 책자를 발행해 경고 신호와 위험 요인을 소개했다.

남자의 자살률이 여자보다 세 배 이상 높지만(10만 명당 27.1명 대 10만 명당 8.1명), 자살 시도는 여자가 더 많이 한다. 이런 차이가 생기는 이유는 남자들이 더 치명적인 방법으로 자살을 시도하기 때문이다. 예를 들어 남자는 수면제보다 권총을 선택하는 경향이 있다.

사회학 연구에서는 남자의 자살률이 높은 이유를 다음과 같이 지적한다. 하나는 경제적 이유다. 노동 인구가 나이를 먹으면서 경제의 변화 속도를 따라잡지 못할 수 있다. 젊은 사람들에 비해 일자리가 적고 정리해고를 당할 수도 있다. 종사하던 산업 자체가 사라지기도 한다.

또 하나는 남성성에 대한 정의가 갈수록 모호해지기 때문이다. 이것은 수십 년에 걸쳐 일어나는 현상이고, 새로운 남성성에 대한 요구가 주기적으로 나타나거나 다시 과거의 남성성으로 되돌아가기도 한다. 1990년 로버트 블라이가 지은 《무쇠 한스 이야기: 남자의 책》이 나왔다. 우리를 모닥불 앞에서 울부짖는 털북숭이 포유류로 되돌려놓은 신화적 설정의 논문이다.

최근에는 1950년대의 세계를 다시 구현하고 싶어 하는 '광적인 서구 애국주의자들의 형제 조직'인 프라우드 보이스의 투박하고 시적이지 않은 목표들이 있다. 프라우드 보이스의 표어 중에는 '가정주부 공경하기'도 있다. 이 집단의 네 가지 신고식 가운데 두 가지가 싸움과 관련 있다. 하나는 다른 프라우드 보이스와 싸우는 의식이고, 다른 하나는 좌파 시위자들에게 폭행을 가하는 의식이다.

그 밖에 다른 운동도 있다. 가부장제가 확고히 자리 잡아 지배적이던 시대에 향수를 느끼는 운동도 있고, 단순히 남성성에 대한 정의를 찾으려는 운동도 있다.

내 어린 시절은 남성적인 의식들로 점철된 나날이었다. 주로 스포츠, 자전거, 레슬링, 새총, 라이터유, 비비총 같은 신비로운 것들이었다. 친구네 지하실에서 미식축구 헬멧과 선글라스를 쓰고 서로 비비총을 쏘았다. 자전거 경주도 하고 닭싸움도 했다. 누가 마녀의 집 초인종을 누를 만큼 용감한가. 누가 숲에서 골프 코스로 뛰어들어가 방금 착지한 칩샷을 주워서 다시 숲으로 던지고는, 투덜거리며 느릿느릿 쫓아오는 골퍼에게 쫓길 만큼의 배포가 있는가.

어린 시절에 보던 〈남자를 맥에서 벗어나게 해주는 모욕〉이라는 만화 시리즈에 찰스 애틀러스 운동기구 광고가 실려 있었다. 해변의 비쩍 마른 남자인 맥이 동네 깡패에게 모래로 얼굴을 맞자 아름다운 여자친구가 당장 떠나버린다. 맥은 근육을 키우고 다시 해변으로 가서, 만화로는 두 칸 지나서 그 깡패의 얼굴에 주먹을 날린다. 헤어진 여자친구는 다시 맥의 품에 안겨 달콤하게 속삭인다.

"오, 맥! 결국 진짜 남자가 됐군요."

난 어릴 때 비쩍 말랐다. 그래서 웨이더 운동기구를 주문해서 택배로 받았는데 45킬로그램이 넘었다. 동봉된 컬러 매뉴얼에는 보디빌더 데이브 드레이퍼가 이두박근 운동과 스쿼트를 설명해주는 내용이 실려 있었다. 우리 집 지하실에서 운동을 하고 거울 앞에서 포즈를 취하며 기적적인 변화를 기다렸다.

남자들의 수많은 의식은 호르몬과 어리석음에서 나온 결과다. 어느 오후에 동생과 난 동부에서 놀러 온 사촌과 함께 폭죽에 불을 붙인 다음 누가 가장 오래 들고 있는지 내기를 했다. 폭죽이 타서 타다닥 하고 타는 충격으로 손이 얼얼해지고 손에 화약 자국이 명예의 훈장으로 남을 때까지 들고 있어야 하는 게임이었다.

그날 저녁 동네에서 주말을 위한 폭죽놀이가 있었다. 온 동네의 아빠들이 각자가 사 온 난해한 폭죽 상자 옆에서 우물쭈물 서성였고, 그들 중 절반 이상이 담배를 피웠다. 그러다 담뱃불이 상자에 떨어지면서 폭죽에 불이 붙어 우연찮게 장관이 펼쳐지곤 했다. 5월 24일 밤의 폭죽놀이는 삼십 초도 안 돼서 끝나버리고 화약 냄새만 진동했다.

우리는 줄줄이 집으로 돌아가면서 잠깐의 짜릿함과 함께 허탈해졌다. 결코 실수하지 않을 것 같은 아빠들, 그 가장 군단이 우리를 실망시킨 것이다.

엄격하고 턱 보조개가 있는 하키 감독은 우리가 지면 우리 이름을 여자 이름으로 바꿔서 불렀다. 다이애나나 조세핀 등으로. 당시에는 그런 일이 흔했다. 동네 남자들이 새 오픈카에 둘러서서 엔진에 감탄하고 카뷰레터에 관해 한 마디씩 던지던 기억이 난다. 세상 모든 것이 모호하던 어린 내 눈에는 다들 유능해 보였다. 누군가는 정말 유능했지만 훗날 다른 누군가는 그렇지 않은 모습이었다.

우리 집에서 몇 집 건넛집의 아저씨는 '신경쇠약'에 걸렸다. 불운한 아버지들, 알코올 의존증과 불륜, 이혼에 시달렸다. 과묵하고 침울하던 내 친구의 아버지는 마대자루가 부러질 만큼 아들의 머리를 때렸다. 침묵의 세대 남자들은 이렇게 잘못된 방향으로 살아갔다.

하지만 우리 아버지는 달랐다. 무슨 일이든 잘하고 늘 옳은 일만 하는 남자로 보였다. 청소년기에 내가 아는 여자애네 아버지한테 흠씬 두들겨 맞은 적이 있다. 내가 자기네 정원에 침입한 줄 알고 다짜고짜 때린 것이다. 그 정원에 들어가지는 않았지만, 거기에 몰래 들어간 친구들과 한패이긴 했다. 셔츠가 찢어지고 입술에 피가 난 채로 집에 돌아가자 아버지가 무슨 일이냐고 물었다. 내가 한 근력 운동은 기대보다 효과가 작았다!

이튿날 아침 우리는 그 집을 찾아갔다. 그 집 주인은 러닝셔츠 차림으로 거실에 앉아 맥주를 마시고 있었다. 북쪽 지방에서 무슨 일인가를 해서 큰돈을 벌었다는 거친 사내였다. 캐딜락을 몰고 집에 수영장도 딸려 있었다. 그 집 딸이 창피해 죽겠는 얼굴로 그 자리에 있었다.

아버지는 그 남자에게 누굴 괴롭히고 싶으면 자기를 괴롭히라고 했다. 잠시 긴장이 흘렀다. 학교 운동장에서 흔히 벌어지는 상황이지만 양쪽 다 어른이라는 것만 달랐다. 그 남자가 맥주를 한 모금 마시고는 애매하게 투덜대며 화해의 말을 건넸다. 잠시 후 우리 부자는 그 자리를 떠났다.

로버트 스톤은 저서 《프라임 그린: 1960년대를 기억하며 Prime Green: Remembering the Sixties》에서 자신의 세대에 관해, 내 세대보다 조금 나이 든 세대에 관해 기술했다. 1937년에 태어난 스톤은 침묵의 세대에 속하고도 남을 사람이다. 하지만 'Summer of Love' 시대에 30살의 나이로 반문화 운동에 적극적으로 참여했고, 켄 케시의 사이키델릭 버스에 탑승했으며, 수염을 기르고 환각제를 복용한 탐험가였다. 당시 그는 이렇게 적었다.

우리는 기대치가 너무 높았다. 우리는 요구가 넘쳤다. 우리가 예상한 것보다 상황이 어려웠다. … 우리는 모든 것을 원했고, 가끔은 자기 파괴를 가치나 재능으로 혼동하고 망각을 황홀경으로 혼동하며 경솔함을 용기로 혼동했다. … 날마다 잘 죽고 싶고 멋진 사람이 되고 싶고 잘생긴 송장이 되고 싶었다. 그런데 무엇에도 자유롭지 않으니 얼마나 부조리한가. 결국 우리는 그 사실을 배워야 했다. 모든 세대가 배워야 했다.

베이비붐 세대는 사회의 기존 질서를 해체하거나 적어도 약화시켰다. 이를테면 이혼율이 증가하고, 교회에 다니는 사람이 감소하고, 정치인에 대한 신뢰가 무너졌다. 기업이 갑자기 공공의 적이 되고, 평생 한 회사에서 일하던 부모 세대의 삶이 매력을 잃었다. 기존 질서를 대체한 건 궁극적으로 개인의 승리였다. 그런데 다른 건 다 괜찮다고 해도 힘들 때 비빌 언덕이 없어졌다.

한때 우리를 묶어주던 사회적 유대가 조용히 사라진 것이다. 이제 우리는 더 많이 이동한다. 지리적으로 더 넓게 흩어져 산다. 민족주의가 쇠퇴하고 있는 것이다. 캐나다에서는 항상 쇠퇴했기에 자연스러운 현상이다.

그런데 미국에서조차 '사랑하라, 아니면 떠나라'라는 애국주의적 강령이 흔들리고 있다. 2016년 미국 대통령 선거에서 통합을 내세우는 주장은 공허한 선거 구호가 되었고, 결과적으로 미국은 그 어느 때보다 분열되고 혐오감에 물든 종족주의에 빠졌다. 그리고 여기서 헤어 나올 기미가 보이지 않는다.

어쩌면 우리 세대는 태생부터 중년에 어울리지 않는지도 모른다. 앞 세대가 청춘에 어울리지 않는 것처럼. 부모님의 앨범을 넘기다가 놀랍도록 어른처럼 생긴 이십 대 젊은이들과 마주했다. 우리 부모님은 어머니가 23살이고 아버지가 24살일 때 결혼했다. 아버지가 27살일 때는 융자를 얻어 집을 사고 자식을 둘 두었다. 나는 그 나이대에 특이한 직업을 전전하고, 모호한 꿈을 꾸며 배회하고, 콘크리트 아파트 단지에 살면서 어울리지도 않는 여자들을 좇아 다니고 있었다.

부모님 세대는 중년에 충실한 시민이 되었다. 집도 사고, 세단도 사고, 브로그 신*을 신고, 배우 프레드 맥머레이 같은 단정한 헤어 스타일을 하고 있었다.

부모님 세대는 대부분 우리처럼 청춘을 경험하지 않았다. 적어도 우리와 같은 기간만큼, 때로는 오십 년이나 경험하지는 못했다. 부모님 세대는 평생 중년처럼 살았기에 중년을 수월하게 넘기는 듯 보였다. 청춘은 나중에 아내가 될 여자와 사귀기 전인 대학 1학년에 반짝 지나갔다. 그 뒤로는 중년이 영원히 지속되었다.

우리 세대는 그야말로 순간을 산다. 그 순간이 좋기만 하다면, 그 순간에 비전과 유대감, 가능성이 있기만 하면 괜찮다. 그런데 그 순간이 질질 끈다면, 앤디 워홀 영화처럼 일상 사건들의 정적인 장면 안에서 아무 데도 가지 못한다면 마냥 좋을 리가 없다.

데이비드는 순간을 살았다. 늦게까지 놀고, 늦게까지 자고, 재미있게 놀았다. 사랑하는 일을 더는 사랑하지 않게 될 때까지 계속했다.

데이비드가 자살 사례의 50퍼센트에서 한 요인으로 꼽히는 우울증에 걸렸는지 아닌지는 나도 모른다. 우울증 진단을 받은 적은 없고, 스스로 약을 찾아 먹은 것 말고는 약을 복용하지도 않았다. 친구 중 누구도 데이비드가 우울해 보였다고 말하지 않았다. 하지

---

* 생가죽에 구멍을 뚫어 장식한 단화.

만 내가 아는 다른 자살한 남자들처럼 데이비드는 더는 자기 자리를 찾을 수 없었을 것이다. 동생은 중년 남성의 절망이 급격히 깊어지는 현상을 겪고 있었다.

베이비붐 세대는 그동안 떠들썩하게 홍보하고 희부연 향수 속에서 영광스럽게 살아온 그 세대의 정체성을 잃어가고 있다. 1960년대 혁명의 열기가 아직 남아 있지만, 혁명가들이 없다. 남은 건 신화뿐이다.

신화는 위안을 주어야 한다. 그것이 핵심이다. 그런데 더는 신화가 우리를 결속시키지 못한다. 지금은 무엇이 우리를 하나로 묶어주는가. 우선 나이와 빚이 있다.

언제부터 빚이 내 주위의 많은 사람에게 주된 관심사가 되었는지는 모른다. 또 언제부터 각자의 처지를 막론하고 모든 대화가 집값이나 높은 보육시설비, 스포츠 장비, 댄스 레슨, 대학 등록금으로 흘러가기 시작했는지도 모른다. 내가 어렸을 때만 해도 빚은 막연히 추상적인 개념이었고, 어느 정도는 추상적으로 남아 있었다. 물론 이것이 문제의 일부이기는 하다.

스코틀랜드 출신의 조지나 메인랜드 외할머니는 어린 시절에 대공황을 겪은 터라 외할머니에게 빚은 죽음만큼이나 구체적이었다. 빚은 견고하고 실질적이고 파괴적이었다. 외할아버지 도널드는 간간이 일하면서 1차 세계대전 부상으로 받는 얼마 안 되는 장애 연금으로 생계를 꾸렸다.

두 분은 융자로 집을 산 적이 없고, 외할아버지가 벽돌공으로 일해서 모은 돈으로 땅과 자재를 산 다음 집을 지었다. 외할아버지가 손수 지었고, 집을 다 지은 후에는 그 집을 저당 잡히지 않으려고 안간힘을 썼다.

외할머니는 노끈 하나, 고무줄 하나도 알뜰히 모았다. 오래된 페인트통에 남은 페인트를 다른 페이트와 섞어서 누리끼리한 정체불명의 색을 만들어 벽을 칠하곤 했다. 값싼 고기를 사서 아스팔트처럼 구워내고, 쿠폰을 모으고, 모든 콘테스트에 참가해서 한번은 블루 보머 미식축구 유니폼을 상으로 받아 내게 주기도 했다.

뒤뜰에 텃밭을 가꾸고, 하숙인을 받고, 외식을 하지 않았다. 식당에 가지 않는 또 하나의 이유는 외국인 요리사와 그들의 요상한 향신료, 딱히 위생을 신경 쓰지 않는 태도가 탐탁지 않아서이기도 했다. 외할머니는 모든 물건을 세일 할 때 샀다.

우리 부모님은 심하게 절약하는 편도, 그렇다고 돈을 헤프게 쓰는 편도 아니었다. 가끔 돈을 물 쓰듯 쓸 때도 있었다. 가족 여행으로 유럽에 다녀왔을 때처럼. 부모님에게는 할머니 할아버지 세대보다는 선택의 기회가 훨씬 많았다. 부모님은 젊고 낙관적이었고, 때마침 세계가 젊음과 낙관주의를 공유하던 시절이었다.

우리 베이비붐 세대는 그런 낙관주의 속에서 태어났다. 말하자면 우리에게는 생득권이었다. 빚은 낙관주의의 한 형태였고, 집값이 오르고 주식이 잘될 거라는 기대, 보유한 주식의 주가가 반등할 것이고 취업 시장이 다시 호황을 맞아 넓어질 거라는 전망이 있었다. 따라서 돈을 빌리는 것은 전혀 문제가 되지 않는다. 어쨌든 필수 요소다.

빚은 대다수 사람이 집과 차를 구매할 수 있게 해주는 유일한 수단이다. 그렇게 빚은 우리와 영원히 함께 살게 되었다. 식사 예절도 형편없고 생각도 비슷하지 않으며 손가락 하나 까딱하지 않는 불쾌한 친척이 얹혀사는 것처럼. 빚은 우리 삶을 고갈시킨다. 1965년에는 연소득 대비 가계 부채 비율이 60퍼센트였는데, 2017년에는 171퍼센트였다.

빚이 낙관주의와 권리의 산물이라고 해도, 결국에는 낙관주의의 적이 되고 이제는 낙관주의마저 사라지는 듯하다. 퓨리서치센터의 설문조사에서는 베이비붐 세대의 삶의 질에 대한 평가가 이전 세대나 이후 세대보다 낮았다.

우리 베이비붐 세대는 우울한 집단이다. 우리가 꽤 오랫동안 계속 우울했다는 결과는 놀랍다. 자료에 따르면, 후기 베이비붐 세대가 아직 이십 대일 때부터 시작되었다는 뜻이다. 우리가 비관적으로 생각하는 대상은 우리 자신의 경제적 상황만이 아니라 모두의 상황이다. 부모와 자식도 걱정이지만 주로 우리 자신이 걱정이다.

시카고대학에서 설립한 사회학 조사기관인 종합사회조사기관에서 삼십 년간 축적한 자료를 보면, 베이비붐 세대가 젊은 세대나 나이 든 세대보다 행복을 덜 느끼는 것으로 나타났다. 베이비붐 세대는 특히 다양한 삶의 영역에서 스스로 충족감을 얻는 것을 중시하는 사람들인데 어쩌다 이렇게 됐을까?

행복은 광범위하고 비과학적인 개념이다. 행복을 측정하는 기준 중 하나는 기대치다. 베이비붐 세대는 많은 것을 원했다. 많은 변화와 많은 섹스, 많은 사랑을 원했다. 그리고 이제는 돈을 원한다. 가장 나이 든 베이비붐 세대(1946~1955년 출생)가 1차 세계대전 이전에 태어난 세대 이후로 가장 빈곤하다는 현실이 놀랍다. 하지만 1차 세계대전 이전에 태어난 세대는 세계대전의 긴 그늘 속에서 성장기를 보낸 터라 기대치가 상당히 낮을 것이다.

1950년대의 풍요롭고 돌아보면 현대적인 품에서 태어난 베이비붐 세대는 모든 것에 대한 기대치가 높았다. 역사상 현재의 우리 세대보다 더 부유하고 더 젊었던 세대는 없다. 그런데 이것만으로는 충분하지 않다.

"나이가 들면서 상실을 배웠다."

한 친구가 몇 달 동안 친구 둘을 심장발작과 자동차 사고로 차례로 잃고 한 말이다. 우리가 나이를 먹으면서 잃는 것은 친구들과 부모만이 아니다. 우리 안에서 실현하지 못한 일부도 잃는다. 이를테면 실현하지 못한 잠재력을 잃는다.

나는 늘 "다시 시작할 기회가 주어진다 해도 하나도 바꾸지 않겠다"라고 말하는 사람들이 놀랍다. 나라면 바꿀 것이다. 다 바꿀 것이다. 우리 집의 그 피아노를 가져왔을 것이고, 노텔* 주식이 20달러로 떨어졌을 때 사지 않았을 것이고, 이상하게 후회스러운 밀회와 크러시트 벨루어 벨 보텀 바지를 단념했을 것이다.

더 일찍 작가가 되었을 것이고, 학교 다닐 때 더 열심히 공부했을 것이고, 인터내셔널 트레블올을 사지 않았을 것이다. 트레블올은 농부들이나 몰고 다닐 법한 1리터당 약 17킬로미터를 가는 특대형 스테이션 웨건이다.

나라면 야망을 더 크게 품고, 더 집중하고, 더 많은 연민을 보였을 것이다. 관계의 소중함을 더 일찍 깨달았을 것이다. 이십 대와 삼십 대에는 쉽게 관계를 만들 수 있지만 그중 일부는 기억도 나

---

* 캐나다의 통신 장비, 광통신을 포함하는 네트워크 분야의 선두주자 중 하나다.

지 않는 이유로 사라지고 만다.

베이비붐 세대의 자살률은 집단적이고 절망적인 무언가를 보여준다. 돈 드릴로는 역사는 대규모의 갈망이라고 썼다. 우리 세대는 무언가를 갈망하는 듯하다. 사랑이나 공동체처럼 명백한 것일 수도 있고, 딱히 정의할 수 없는 무엇, 중년을 지나면서 손에 닿지 않는다고 느끼는 무언가일 수도 있다.

충동적인 권태

수십 년을 알고 지낸 지인과 점심을 먹었다.

"요새 무슨 글을 쓰세요?"

"자살에 관한 책이요."

"직접 해볼 생각을 한 적은 있나요?"

자살을 생각해본 적이 있느냐는 질문이었다.

"아뇨."

진심이었다.

"당신은요?"

"매일 생각하죠. 진짜로 하지는 않겠지만 늘 하나의 선택지로 있어요."

그녀는 거의 날마다 그 생각을 꺼내서 고민해본다고 했다. 군인 집 안에 대대로 전해 내려오는, 치명적이면서도 동시에 위안을 주는 예리한 칼처럼.

"걱정은 말아요."

그녀가 덧붙였다.

그래도 걱정이 되었다. 걱정이 떠나지 않았다. 가끔 그녀의 하루를, 아침에 일어나 그날 입을 옷을 고르듯 삶을 선택하는 모습을 그려본다. 어쩌다 죽음이 삶의 동반자가 되었을까? 그녀와 죽음은 날마다 서로를 알아챈다. 더는 딱히 할 말이 없지만 서로가 있어서 위안을 얻는 노부부처럼.

죽음은 물론 모든 사람의 동반자다. 모두의 삶에 중대한 영향을 끼친다. 하지만 얼마나 많은 사람이 지갑을 가지고 다니듯 자살 생각을 품고 사는지 알면 충격적이다. 마약 사용과 건강에 관한 전국 단위의 한 설문조사에서는 미국에서 2008년에 230만 명이 자살 계획을 세우고 110만 명이 실제로 자살을 시도하고 66만 6,000명이 응급실에 실려 가는 것으로 추산했다. 그리고 3만 6,000명이 조금 넘게 자살에 성공했다.

이 조사는 자살 생각에 관한 최초의 과학적 조사였다. 다른 많은 자살 통계와 마찬가지로 의구심을 불러일으키긴 한다. 과연 누가 개인의 내밀하고 어두운 생각을 들여다볼 수 있겠는가. 그럼에도 자살이라는 개념이 많은 사람에게 위안을 준다고 한 니체가 옳았을 수 있다.

나는 가끔 사람들을 보면서 죽음에 대한 생각을 무기처럼 숨기고 다니는지 궁금하다. 운전면허를 갱신하러 가는 면허시험장 창구의 중년 여자는 짝퉁 버버리 스카프를 두르고 에어컨에 기대어 줄이 얼마나 긴지 가늠하고 있었다. 예쁘장한 얼굴이지만 무척 지쳐 보이는 그 여자에게서는 관공서의 권태가 향수처럼 풍겼다. 어쩌면 실연당하고 인터넷으로 여러 남자를 만나면서 사랑과 미래에 대한 믿음을 더 잃었을 수도 있다.

실수투성이 서류를 처리하면서 앞에 늘어선 줄에 대한 자연스러운 적대감과 싸우고 만원 지하철에 몸을 실어 아무도 기다리지 않는 집으로 돌아가 넷플릭스로 채워진 화면을 바라보며 괜찮은 보르도 와인을 마시면서 그동안 모아놓은 수면제를 한입에 털어 넣을지도 모른다. 아니, 어쩌면 오늘 밤은 보르도만 마실지도.

데이비드와 밴드를 같이했던 피트에게서 이메일이 왔다.

전 전립선암에 걸렸다가 살아났는데, 최근에는 피부암 제거 수술을 받았습니다. 괜찮으냐고요? 잘 모르겠습니다. 가끔은 자다 깨서 데이비드의 선택이 잘한 거 아닌가 싶은 생각을 합니다.

'모든 걱정과 계획, 일이 과연 언젠가는 결실을 맺을까? 시간과 노력을 들일 가치가 있을까? 나는 이 길의 끝에서 행복해질까?'

어쩌면 데이비드도 이런 생각을 했을지 모르겠습니다. 전 자살할 사람은 아니지만, 고등학교 때부터 지금까지 자살을 더 살아가기 위한 대안쯤으로 여겼습니다. 어쩌면 데이비드가 내린 결정이 그런 건지도 모르겠군요. 이런 어두운 생각은 드물게 일어나고 금방 가라앉습니다. 그래도 일어나긴 하고, 데이비드도 아마 이런 생각과 싸웠을 겁니다.

많은 사람이 어두운 생각과 싸우며 살아간다. 누가 그런 생각과 싸우는지, 얼마나 어두운 생각인지 알아채는 게 쉽지는 않다. 《언제까지나 너를 사랑해》와 《종이 봉지 공주》로 유명한 동화 작가 로버트 먼치는 어두운 생각들과 늘 싸워왔다. 그는 어린이 책을 오십 권 이상 낸 작가로, 거의 모든 책에서 인생이 행복하고 화려

하다고 찬미한다. 청중에게는 생기 있고 활기찬 강연을 선보였다. 그보다 더 행복해 보이는 사람도 없었다.

하지만 몇 년 전에 그가 조울증이 있고 코카인과 알코올을 남용했다고 공개한 적이 있다. 그가 비밀을 털어놓으면서 우리에게 통찰을 주었다. 나도 어린이 책을 낸 적이 있어서 잡지 편집자는 나를 먼치에 관한 기사를 쓸 적임자로 보았다.

로버트 먼치와 인터뷰 약속을 잡고 토론토에서 서쪽으로 차를 이용해 한 시간 정도 달려서 궬프라는 동네로 찾아갔다. 먼치는 가족과 소박한 교외 주택에 살고 있었다. 마침 그날 한 시간 떨어진 해밀턴에서 낭독회가 잡혀 있어 우리는 그의 혼다 어코드를 타고 그곳으로 갔다.

65살의 그는 여전히 소년 같았다. 챙 넓은 모자에 선글라스를 쓴 모습이 9살짜리 캠핑객과 작가 헌터 S. 톰슨을 섞어놓은 것처럼 보였다. 그는 신중히 말을 골라 조곤조곤 대화를 이끌어가면서 책에 담긴 광적인 에너지를 발산했다. 《모이라의 생일Moira's Birthday》에서 대문자로 강조한 "피자 200개라고? 너 미쳤어?TWO HUNDRED PIZZAS! ARE YOU CRAZY?"처럼 말이다. 먼치는 조부가 자살로 생을 마감했고 자기도 오래전부터 자살 충동에 시달렸다고 했다.

그는 운전하면서 이렇게 말했다.

"자기 생각을 믿지 못하게 됩니다. '오늘은 죽기 좋은 날일 거야'라는 생각이 드는 거죠. **오늘은 죽기 좋은 날이 아니야!**"

먼치는 어릴 때 친구가 거의 없었는데 여전히 친구가 없다고 했다. 빡빡한 출장 일정을 소화하면서 일에 치여 산다고 했다. 나는 그의 성장 배경을 물었다. 그는 펜실베이니아주 피츠버그에서 자랐고 1970년대에 매사추세츠주 보스턴 외곽의 한 유치원에서 일했다. 당시의 미국을 열악한 도심의 풍경으로 그리고, 인종으로 분열되고 베트남전쟁으로 혼란스러운 디스토피아로 묘사했다. 그는 보스턴에서 강도를 당해 성형수술을 받아야 했다.

"전쟁터에 사는 것 같았어요."

로버트 먼치는 우울증에 걸렸고 우울증을 견디기 위해 술을 마시기 시작했다. 음주가 점점 심해져서 1986년에는 AA익명의 알코올의존자들Alcoholics Anonymous에도 나갔다. 상태가 좋아지다 나빠지기를 반복했다. 맨정신으로 잘 지내다가도 다시 술을 입에 대고, 다시 끊고, 일주일에 와인 한 잔만 마시다가 하루에 한 잔 마시기도 하고 아침부터 스카치위스키를 마시기 시작해서 결국에는 다시 AA로 돌아갔다.

59살에 역사상 가장 성공한 동화 작가 중 한 사람이 되었을 때, 즉《언제까지나 너를 사랑해》가 3,000만 부 이상 팔렸을 때 그는 코카인에 손을 댔다. 남들은 많은 것을, 특히 마약을 끊는 나이였다.

"차를 몰고 토론토 셔본 스트리트나 팔리어먼트 스트리트 같은 데로 가서 사람들에게 말을 걸었어요. 확실한 연결책은 없었죠. 누군가에게 돈을 건네면 그가 '잠깐만요. 금방 다녀올게요'라며 사라졌어요."

코카인을 구해다 주는 사람이면 아무하고나 같이 약을 하기도 했다. 다들 그보다 젊고 가난했으며 그 거리에 어울리는 사람들이었다. 그들이 이 작가를 클루소 형사 같은 위장 경찰로 의심할 때도 있었다. 약을 끊기까지는 사 년이 걸렸다. 뇌졸중으로 쓰러진 덕에 약을 끊는 데 도움이 되었다.

그는 운전하면서 이런 사연을 털어놓았다. 해밀턴에 도착해 차를 세우고 휴대폰을 열어서 술과 약을 얼마나 오래 끊었는지 확인했다.

"어디 보자, 여기 있어요. 지금까지 235일이군요. 약을 끊은 기간이요."

그의 낭독회는 학교 체육관 일일 캠프에서 열릴 예정이었다. 둘러보니 5살에서 14살에 이르는 아이들 수백 명이 있었다. 악몽 같은 청중이었다. 아이들은 잠시도 가만있지 못하고 가차 없고 용서를 모른다. 언젠가 내가 학교에서 낭독회를 할 때 앞줄의 7살짜리 여자아이 둘이 바비 인형 펜을 놓고 싸우다가 급기야 한 아이가 씩씩거리면서 "꺼져, 매디슨"이라고 소리를 지르고 펜을 홱 잡아당긴 적도 있다.

하지만 먼치는 좌중을 사로잡았다. 시큰둥한 큰 아이들, 그러니까 인터넷으로 성인물을 접했을 수도 있고 이미 오래전에 순수를 잃어버리고 그림책을 본 지도 몇 년은 지났을 아이들조차 먼치의 말을 경청했다. 한때는 일 년에 200회까지 낭독회를 열었는데 그러던 중에 뇌졸중으로 쓰러져 그의 기억력이 감퇴했다.

그가 도중에 잠시 뜸을 들일 때면 기억 문제가 나타나는 것 같았지만 아이들은 그 순간을 알아채지 못했거나 눈감아주었다. 그는 사랑받고 있었다.

궬프로 돌아가는 길에 먼치는 그날의 낭독회를 되짚어보았다.

"이런 식으로 낭독회를 열어요. 아까 그 아이들 같은 청중을 대상으로. 하지만 끝나고 나면 혼자 남아요."

공연하는 사람들의 흔한 하소연이다. 무대 위에서 가장 편안하고 가장 사랑받는 사람들 말이다. 무대에서 내려오면 자기가 누구인지 잘 모르겠는 상태가 된다. 우리가 만나고 얼마 후 그는 낭독회를 그만두었다.

글쓰기를 중단했다는 뜻이었다. 그는 무대에서 책을 썼다. 아이들에게 이야기를 들려주면서 신통치 않은 것은 버리고 괜찮은 것을 다듬었다. 그리고 글로 써 내려갔다. 그는 모든 면에서 대단한 작가였지만 수십 년간 스스로 목숨을 끊을까 봐 두려워하며 살고 있었다.

자살의 역사는 이런 내면의 두려움, 이를테면 오늘은 자살하기 좋은 날이 아닐까 두려워하는 마음의 역사다. 고대 아테네에서는 자살한 사람을 도시 밖에 내다 묻고 스스로 목숨을 끊은 손은 마치 그 손에 책임이 있는 양 잘라서 따로 묻었다.

중세 유럽에서는 스스로 목숨을 끊은 사람을 죄인으로 간주하고 범죄자와 동급으로 취급했다. 자살을 시도하다 붙잡힌 사람은 교수형에 처했다. 자살한 사람의 시신을 훼손하기도 하고, 끔찍할 정도로 심하게 난도질하기도 했다.

영국에서는 자살을 시도한 사람을 교수대에 매달아 놓은 채 썩게 두었다. 시체에 말뚝을 박아 교차로에 놓은 다음 얼굴은 돌로 눌러서 영혼이 나오지 못하게 하기도 했다. 프랑스에서는 자살한 사람의 시체를 거리에서 끌고 다니다가 불태웠다. 귀족이 자살하면 지위와 재산을 몰수했고, 숲은 분할하고 영지는 왕에게 귀속시켰다.

사회적으로는 자살이 역병처럼 전염될 수 있다는 공포가 있었다. 일리가 있는 말이다. 학교에서 한 학생이 스스로 목숨을 끊으면 다른 학생들도 뒤따르는 연쇄 자살 현상이 일어난다. 캐나다 원주민 공동체에서는 자살이 44세 미만 주민들의 주요 사망 원인이다. 집단적 절망이 깊은 공동체에서 한 사람이 자살하면 비슷한 생각을 품던 다른 사람들에게 일종의 용인처럼 느껴질 수 있다.

대니얼 스턴은 《자살하는 마음The Suicide Academy》이라는 소설에서 이렇게 썼다.

> 자살은 한마디로 하나의 연속적이고 일상적이며 상존하는 삶의 문제다. 정도의 차이가 있을 뿐.
> 나는 발달과 절망의 모든 단계에서 자살을 보았다. 실패한 변호사, 냉소적인 의사, 우울한 가정주부, 화가 난 청소년 … 삶의 모든 일상적 활동에 대한 거대한 음모론에 빠진 모든 인간. 자살의 의미, 진정한 의미가 아직 정의되지 않았는데, 폭넓은 차원에서 정의해야 한다.

자살의 의미는 정의하기 어렵고, 그래서 더 자살을 예방하기도 어렵다. 자살에는 사회적 요인(소외), 경제적 요인(실업), 개인적 요인(우울증, 정신 질환, 알코올 의존증)을 비롯한 다양한 요인이 작용한다. 복합적인 문제라서 공익 광고 포스터에 내보낼 모델조차 찾지 못했다.

사람들이 관심을 두는 자살은 주로 유명인의 자살이다. 로빈 윌리엄스의 비극적 죽음은 몇 달이나 사람들의 입에 오르내리곤 했다. 커트 코베인의 자살은 하나의 상징이 되었다. 하지만 유명인의 자살은 유명인의 다른 문제나 질병과 같은 수준으로 정치적으로나 기금 모금에 영향을 미치지 못한다.

일례로 마이클 J. 폭스 재단은 파킨슨병 연구를 위한 기금 4억 5,000만 달러를 모금했다. 반면 18살에 자살을 시도한 코미디언 드류 캐리는 눈에 잘 띄지 않는 공익 광고에서 사람들에게 도움을 구하라고 호소할 뿐이다.

정신 질환에 낙인을 찍는 현상은 여전하다. 이제 엷어지기는 했지만, 아직도 강렬하다. 위험에 처한 사람을 알아보는 데도 문제가 있다. 암과 파킨슨병, 다발성 경화증 같은 질환의 환자는 우리가 알아볼 수 있다. 자살은 항상 알 수 있는 게 아니다.

세계적으로 매년 100만 명 이상이 스스로 목숨을 끊는다. 살인과 전쟁보다 자살한 사람의 수가 더 많은 편이다. 자살 연구자들은 실제 자살 사례보다 60퍼센트나 적게 보고된다는 데 대체로 동의한다. 2013년 미국에서 보고된 자살은 자동차 사고나 에이즈, 전립선암 사망자 수보다 많았고 유방암 사망자 수와 거의 비슷했다.

하지만 자살 분야는 널리 연구하지도 않고 연구비를 충분히 확보하지도 못하고 있다. 자살은 질병이 아니라 결과다. 최악의 결과.

나는 동생이 그 강으로 걸어 들어간 그 순간에 머물러 보았다. 동생이 얼음판이 끝나는 지점에 섰을 때 얼마나 무거운 삶의 무게를 짊어졌을지 가늠해보고 싶어서였다. 마음의 고통이 폭포수처럼 요란하고 이성적 사고를 잠식하는 아우성이 들리는 지경에 이르렀을 것이다.

아무리 꼼꼼히 계획했어도 자살은 충동적인 행동이기도 하다. 사람들은 몇 달에 걸쳐 강에 뛰어들 계획을 세우고 뛰어내릴 다리에 가보면서 컨디션을 조절한다. 난간에 올라섰다가 다시 내려오기도 한다. 그 상태까지 아주 서서히 발전한다. 하지만 마지막 순간에도 스스로 뛰어야 하고 결정을 내려야 한다.

마지막 순간에 무슨 일이 벌어지는지에 연구자들의 관심이 쏠리고 있다. 온타리오주 해밀턴에 있는 맥마스터대학의 '계속 살아갈 이유 프로젝트'라는 연구에서 바로 그 순간을 들여다보았다. 연구자들은 웹사이트를 개설한 다음 자살을 시도해보았거나 진지하게 고민해본 적이 있는 사람들에게 익명으로 경험담을 올리게 했다. 대상은 뛰어내렸다가 살아났거나 수면제 용량을 잘못 계산해서 다시 깨어났지만, 그 순간에 머물러 본 사람들이다.

모두 남들이 자신들의 경험담을 읽어보고 깨닫는 게 있기를 바라는 마음을 담아서 사연을 온라인에 올렸다. 이 사이트에서는 자살이란 단기적 문제에 대한 장기적 해결책이라는 말을 일러스트로 보여준다.

그리고 이렇게 밝힌다.

우리가 이 연구를 하는 이유는 ⋯ 자살을 시도한 후 생각이 어떻게 달라지는지 알아보기 위해서입니다. 우리는 자살을 시도한 후 계속 살아가기로 선택한 사람들에게 일어나는 사고 과정을 이해하지 못하고 있고, 이 분야의 연구가 심각하게 부족합니다. 사람들이 자살을 시도한 후 어떻게 살아갈 힘을 끌어내는지 안다면 삶을 끝내고 싶은 사람들이 실제로 자살을 시도하기 전에 도움을 줄 수 있으리라 믿습니다.

이 연구는 세인트 조셉 건강관리센터 정신과 응급의료팀에서 일하는 제니퍼 브라쉬 박사가 시작한 프로젝트다. 나는 박사를 만나기 위해 해밀턴으로 갔다. 인터뷰하기 전에 병원 대기실에서 기다리며 주위의 환자들을 평가해보았다.

아마추어의 솜씨로 보이는 문신이 있는 삼십 대 여자는 마약 중독자처럼 안절부절못하면서 자신의 살가죽에서 빠져나오고 싶은 듯 보였다. 다른 여자가 들어와 그 여자 옆에 앉았고 세 번째 여자도 들어와 앉았다. 셋 다 거칠어 보였지만 모두가 남다른 속도로 빠르게 소통했다. 그들은 단 몇 분 만에 각자 복용 중인 항우울제를 줄줄이 읊어대더니 어느 약이 잘 듣고 어느 약은 약효가 신통치 않고 몇 가지 약은 끝내준다고 했다.

한 사람이 말했다.

"그건 진짜 효과가 없었어요."

"그래요?"

"미스터 클린을 남편 커피에 탔어요."

"남편분이 정신이 번쩍 들었겠네요."

"하하하."

세 사람은 각자의 에피소드를 조금 더 나눈 후 흩어졌고, 나는 브라쉬 박사를 만나러 들어갔다. '계속 살아갈 이유 프로젝트'를 시작하겠다는 아이디어를 어디서 얻었는지 물었다. 박사는 사람들이 자살을 시도하다가 실패해서 응급실로 실려 오면 자기가 호출을 받아 그 환자들을 상담했다고 했다.

"제가 그 환자들을 만나러 갈 때쯤이면 다들 이미 두 시간 이상은 응급실에 머무른 뒤였어요. 다들 이렇게 말해요. '무슨 생각이었냐고요? 아예 생각 같은 건 할 수 없었어요. 아내가 얼마나 걱정할지, 자식들이며 직장이며 제가 짓는 세컨 하우스 같은 건 전혀 생각나지 않았어요.' 다들 아무 생각도 나지 않았다더군요.

그러니 자살을 시도한 시점과 제가 그들을 만난 시점 사이에 무슨 일이 일어난 겁니다. 그래서 우리는 환자들에게 '무슨 일이 일어난 건가요? 뭐가 달라진 거죠?'라고 묻기 시작했어요. 환자들은 죽음을 바라보던 순간부터 삶을 선택하기까지 일어난 변화를 설명하는 걸 무척 어려워했어요. 그래도 그사이에 뭔가 일어나긴 했어요."

'계속 살아갈 이유' 사이트에 올라온 사연 하나하나가 슬프고 희망을 주고 위안을 주기도 하지만 무서운 이야기였다. 사회복지 기관에 아들을 빼앗기고 우울증에 걸린 여자는 6층 발코니에서 뛰어내리기로 작정했다.

"마지막 순간에 발코니 난간에 매달려 있을 때 죽고 싶지 않았지만 이미 늦었죠. 주차장 인도로 떨어졌어요."

그녀는 여러 부위에 심각한 부상을 입었다.

어떤 여자는 자살할 생각으로 차를 몰고 고가도로 기둥을 전속력으로 들이받으려다가 갑자기 자식들을 그렇게 두고 갈 수는 없다는 생각이 들어서 브레이크를 밟고 갓길에 차를 세웠다고 했다.

한 여자는 10살에 처음 요오드(아이오딘) 한 통을 마시고 자살을 시도했다고 적었다. 효과는 없었다. 성인이 되어 결혼하고 어린 나이에 과부가 되었다. 조종사이던 남편이 2차 세계대전에서 총에 맞아 전사한 것이다. 재혼해서 자식들을 낳았고 산후우울증을 앓다가 다시 자살 생각에 빠졌다. 충격요법도 받아보고 고가도로에서 아래 고속도로를 분주히 오가는 차들 위로 뛰어내릴까도 생각했지만 자기를 친 운전자에게 끔찍한 경험이 될 것 같았다.

다시 우울증이 찾아왔을 때는 기분이 나빠지면 언제든 먹을 수 있도록 수면제를 가지고 다녔다. 육 남매를 키우면서 자살 충동이 일어난 모든 순간을 넘기고 살아남아 회복 집단에 나가고 요가의 도움을 받았다. 하지만 마지막 문단이 감동적이었다.

이제 65살인데도 자살 생각이 사라지지 않았습니다. 가족에게 짐이 되고 싶지 않아서요. 그래도 오랜 세월 행복하게 살면서 멋진 가족을 이루고 결혼 생활도 잘 해왔으니 자살에 성공하지 않아서 참 다행이 라는 생각이 듭니다.

'오랜 세월 행복하게' 살았으면서도 몇 차례 삶을 끝내고 싶어 했고 아직도 그럴 수 있다. 그녀의 논리에는 빈틈이 있지만 원래 자살이란 게 논리적이지 않다. 그녀는 자살을 고민하고 시도한 다음 보이지 않는 친구처럼 곁에 두었다.

브라쉬에게 그 프로젝트에서 무엇을 기대하는지 물어보자 이렇게 답했다.

"우리가 처음 이 프로젝트를 시작할 때 기대한 것보다는 적게요."

나는 브라쉬가 애초에 왜 그렇게 희망적이었는지 알 것 같았다. 박사의 연구는 자살 연구자들에게 가장 큰 걸림돌 중 한 가지를 해결해준다. 자살 연구의 대상이 모두 죽었다는 걸림돌 말이다. 브라쉬의 연구 대상은 살아남은 사람들, 심연에서 한발 물러선 사람들이다.

그들은 심연 앞에서 무엇을 보았을까? 답은 지극히 개인적이고 저마다 다르다. 그들의 사연은 자살을 고민하는 사람들이 결정을 재고하는 데 도움이 되었을 것이다. 그들의 이야기는 주로 인간이란 무엇인가에 관한 것이다. 한 생존자가 이런 서늘한 말을 남겼다.

> 살아남는다 해도 공허감의 부름이 사라지는 건 아니다. 다만 그 부름에 대꾸하지 않는 법을 배울 뿐이다.

데이비드는 술과 수면제로 마지막 순간에 되돌아갈 가능성을 차단했다. 마지막 순간에 물러설 생각을 하지 못했을 수도 있다. 언어가 모두 사라지고, 썰물이 진 뒤에 남은 시커먼 조수의 웅덩이처럼 생각이 자라났을지도 모른다.

2011년 뉴욕주립정신의학연구소의 수석 신경과학자 존 만은 우울증에 걸린 사백십이 명을 대상으로 유전자 검사를 했다. 그중에 자살을 시도한 사람이 백오십사 명이었다. G 단백질 신호 전달 조절자 2RGS2라는 유전자 이형異形이 자살 시도자들에게서 더 자주 발견되어 자살에 유전적 소인이 있다는 가설을 지지해주었다.

커트 코베인에게는 자살한 삼촌이 둘이나 있었고, 어니스트 헤밍웨이의 아버지도 자살했고 헤밍웨이의 두 형제와 손녀도 자살했다. 유전자 검사로 자살 성향을 밝혀낼 수 있다면 예방조치를 취하는 것도 가능할 것이다.

2017년 펜실베이니아주 피츠버그에 있는 카네기멜론대학 연구자들은 과학적 접근을 조금 더 발전시켰다. 자살 사고를 알기 위한 뇌 스캔을 개발한 것이다. 연구자들은 기계 학습 알고리즘과 뇌 영상을 이용해 피험자 서른네 명을 관찰했다. 그중 절반은 자살 성향이 있는 사람이고, 나머지 절반은 자살 성향이 없는 사람이었다. 모두가 각각 열 단어로 구성된 세 가지 목록을 받았다.

첫 목록에는 죽음과 관련된 단어(죽음, 치명적)가, 두 번째 목록에는 긍정적인 단어(칭찬, 마음 편한)가, 세 번째 목록에는 부정적인 단어(권태, 골칫거리)가 있었다. 피험자들이 단어 목록을 읽는 동안 MRI를 촬영했다. 결과로 나온 스캔에 알고리즘을 적용해서 그 순간에 자살 집단을 91퍼센트 식별했다.

고무적인 소식이긴 하다. 그러나 인간의 마음에 관한 연구에서 과학은 실망스러운 결과를 내놓을 때가 많다. 과거에 전기충격요법ECT에도 큰 희망을 걸었고, LSD와 클로르프로마진 같은 약물이 우울증부터 조현병까지 모든 질환을 치료해줄 것으로 기대했다. 약물과 ECT는 도움이 되기도 했지만, 부작용이 컸다. 그러나 마법의 해법을 찾으려고만 하면 사회적 요인과 인간적 요인을 간과하기 쉽다.

자살 충동을 느끼는 사람들을 발견하면 어떻게 해야 할까? 예측 과학 기술이 발전해서 널리 수용된다고 해보자. 부모가 자기 자식이 자살 충동을 느끼는지 미리 확인할 수 있다면 도움이 되기도 하고 오히려 걱정도 될 것이다. 결국에는 현재 부모들이 하는 대로 하면서도, 말하자면 자식을 도울 수만 있다면 무슨 일이든 하면서도 한편으로는 암울한 예측을 안고 사는 법을 배워야 할 것이다.

나는 토론토 퀸 스트리트에서 혼자 중얼거리며 돌아다니는 여자와 자주 마주친다. 그 여자가 어떻게 살아남았는지 궁금하다. 등은 기역 자로 굽었고, 늘 검은색 옷만 입는다.

한번은 그녀가 고급 구두 매장 안에서 뭐라고 중얼거리며 고개를 비틀어 세상을 내다보는 모습을 보았다. 아무도 그녀에게 접근하지는 않는다. 두려움과 연민이 뒤섞인 감정이리라. 우리가 그녀를 위해 무엇을 할 수 있을까? 우리는 그녀가 위험하다는 듯 피할 뿐이다. 눈은 마주치지도 않으면서.

칠십 대 정도에 겉으로는 고통스러운 삶으로 보이는 데도 계속 살아가는 모습이다. 한 발을 다른 발 앞에 내딛는 모양새가 힘겹게 발을 옮기는 듯 보였다. 원시적인 무언가가, 세포 차원의 무언가가 그녀에게 계속 걸으라고 명령하는 것이다.

누구나 세포 차원에서는 살고 싶어 하지만, 세포들은 희생한다. 수백만 개의 세포가 우리의 생존을 도우려고 사멸한다. 세포는 유기체에 위협이 될 때 스스로를 죽인다. 바이러스에 감염된 세포는 자살한다. 바이러스를 죽이는 세포도 죽어야 한다. 침입자를 죽이고 나서 림프구는 죽는다. 용감하고 필요한 세포들이지만 위협이 사라졌으니 더는 우리 옆에 두고 싶지 않은 것이다.

마음은 다르게 느끼는 순간에도 몸은 살아남기 위한 싸움을 지속한다. 거식증에 걸린 젊은 여자가 굶으면서 저장된 지방을 태우면 몸은 털을 절연체로 길러서 스스로를 보호하려 한다. 몸이 생명체로서 삶을 갈망한다고 볼 수 있다.

자살은 우리 자신의 생명 작용과의 싸움이다. 몸은 처참한 조건에서도, 즉 끝없는 빈곤, 질병, 장애, 중독에도 계속 살고 싶다고 반복해서 말한다. 그러나 마음은 고개를 끄덕여 수긍하다가 방아쇠를 당기고 만다.

죽은 시인의 사회

데이비드가 죽고 몇 년이 지난 어느 우중충한 봄날, 아침에 일어나 보니 이메일 두 통이 와 있었다. 하나는 공공도서관에 내가 주문한 토머스 조이너의 《왜 사람들은 자살하는가?》가 입고되었다는 이메일이었다. 다른 하나는 해안 지역에 사는 머독이라는 옛 친구가 자살을 시도했다가 회복 중이라는 내용이었다.

싸늘하고 축축한 1월의 어느 날, 시인인 머독은 트레일러트럭에 뛰어들었다고 했다. 트럭에 치였다가 살아나기는 했지만, 빗장뼈가 부러지고 다른 부상도 입었다. 처음 듣는 소리였다. 그 친구와 못 만난 지가 십 년도 더 되었다.

머독을 처음 만난 건 고등학교 3학년 때였다. 나는 개학하고 몇 주가 지난 후 캘거리로 간 전학생이었다. 머독은 내가 전학한 날 학교를 그만두었다. 학생들이 점심을 먹던 식당에 머독이 들어섰다. 나도 그 식당에서 아이들과 어울려보려고 애쓰고 있었지만 잘 되지 않던 터였다.

머독은 긴 금발에 얼굴은 모리스 샌닥의 《괴물들이 사는 나라》

에 나오는 괴물처럼 분노로 일그러져 있었다. 그는 식당 안에 있는 아이들에게 괜히 소리쳤다.

"이 빌어먹을 감옥을 탈출할 거야. 너희도 머리가 반이라도 있다면 그만둬야 해."

머독은 문을 쾅 닫고 나갔고 우리는 다시 아무 일 없는 듯이 점심을 먹었다. 몇 달 후, 한 친구가 우리를 인사시켜주기 전까지는 머독을 보지 못했다.

"난 시인이야."

머독이 반항아처럼 말했다. 그 석유 도시에서 시인이란 이국적인 개념이었다.

등굣길에 머독의 집이 있었다. 그 집은 작은 땅에 홀로 서 있었고 조만간 빠른 속도로 팽창하는 도시에 에워싸일 것만 같았다. 학교는 캘거리 서쪽 외곽에 있었는데, 우리 가족은 아버지가 시골집을 설계하는 동안 크기만 하고 아무 매력이 없는 신축 주택에 살고 있었다. 우리가 살던 새로운 구역 너머로는 대초원이 펼쳐지고 있었고 아직 말을 가둔 울타리가 드문드문 보였다.

머독의 집 앞에는 말, 소, 닭이 있었다. 집 안에는 그의 표현으로는 피죽이나 겨우 끓여 먹고 사는 산골뜨기 일가가 살고 있고 아이들이 열한 명이라 정신 사나울 정도로 북적거린다고 했다. 아버지는 인물이 훤하고 술을 퍼마시면서 바짓가랑이 한쪽을 카우보이 부츠에 집어넣고 다른 쪽은 밖에 내놓는 사람이고, 말을 길들이는 일부터 트럭을 운전하고 집 짓는 일까지 갖은 일을 할 수 있는 사람이었다.

어느 겨울에 혹한으로 기온이 영하 40도까지 떨어졌을 때, 머독의 집 콘크리트 토대가 갈라지면서 임시로 증축한 부분이 무너져 내렸다. 아이들 몇이 자던 방이 집에서 떨어져 나갔고, 아버지는 앞 갑판에 선 아합*처럼 갈라진 부분에 서서 하나님이 왜 그를 벌하는지 의아해했다. 다시 토대를 다지고 갈라진 틈을 메우며 가족은 다른 재난처럼 이번에도 살아남았다. 그리고 머독의 아버지는 앞을 보지 못하게 되었다.

내가 대학을 졸업하고 캘거리의 예술계로 흘러 들어갔을 때, 시집 한 권을 낸 시인 머독이 그곳에 있었다. 비트 작가**를 찬미하던 머독은 앨런 긴즈버그와 윌리엄 버로스의 책을 캘거리로 들여오는 데 한몫했다.

그는 사람들과 어울리는 걸 좋아하고 시인은 자신의 예술로 고통을 받아야 한다는 낭만적인 관념에 사로잡혀 있었다. 방탕하고 술에 취한 불운한 시인 딜런 토머스를 반면교사가 아닌 모범으로 삼았다. 머독은 빈티지 숍에서 산 짙은 색의 옷깃이 좁은 재킷을 입고 다니며 항상 담배를 들고 불을 붙이거나 끄거나 흔들어대면서 지역의 속물들을 비판하기도 하고 로큰롤이 길을 잃었다고 성토도 했다.

그는 희망이 넘치던 반문화의 수사법 중 최상의 수사를 실천한 반문화의 진정한 신자였다. 가끔은 아일랜드인의 기질을 보이긴 했지만 서로 사랑하고 획일성의 바다에서 한 개인으로 살아가며 권위에 저항하려 했다. 내가 아는 누구도 머독만큼 확신에 차

---

* 고대 이스라엘의 왕.
** 2차 세계대전 후 미국 샌프란시스코와 뉴욕을 중심으로 활동하던 비단체적인 그룹의 시인과 소설가.

서 1960년대를 신봉하지는 않았다.

나도 물론 믿지 않았다. 나는 음악을 사랑했다. 무슨 핑계로든, 자유연애든 그보다 덜 고상한 다른 핑계든, 섹스를 약속받기 위해 살았다. 하지만 유행을 앞서갈 위험을 감수한 적은 없다. 고등학교 3학년 때는 어떤 여학생에게 영어 교생처럼 생겼다는 말도 들었다.

마리화나를 하면 눈이 빨개지고 심각한 무기력증에 빠졌다. 그냥 아무 데도 가고 싶지 않았고 아무것도 하고 싶지 않았으며 그저 어느 집의 폭신한 카펫에 누워서 무게가 5킬로그램쯤 되는 헤드폰을 쓰고 마이크 올드필드의 〈Tubular Bells〉나 듣고 싶었다. 어떤 여자는 내게 '부르주아'라고 힐난했다. 거의 맞는 말이었다.

하지만 난 책을 좋아하고 글을 쓰고 싶었고, 머독도 나와 마찬가지여서 우리는 서로 잘 맞았다. 머독은 경험의 초월성을 믿고 윌리엄 블레이크의 시구 "과잉의 길은 지혜의 궁전에 이른다"를 인용했다. 이 시구를 문자 그대로 이해한 사람이 그가 처음은 아니었다. 그는 술을 마시고, 줄담배를 피우고, 시를 쓰고 격분했으며, 타고난 매력으로 뛰어난 사람들과 어울렸다.

친구들과 밴드를 결성하면서 머독은 드러머가 되었다. 그전에 드럼을 쳐본 적도 없고 재능을 타고난 것도 아니었다. 가끔 그 집에 가보면 머독이 작은 방에서 방문을 닫고 연습하는 소리가 들렸다. 그런데 드럼을 배우는 사람이 내는 소리만큼 성난 소리도 없다.

머독은 영락없는 밴드 멤버였다. 삐죽삐죽한 머리에 켈트족 깡패 같은 얼굴로 자신의 시를 젊은 여자들을 녹여주는 노래로 바꾸고 싶어 했다. 그의 밴드는 차고에서 연습하고, 술을 퍼마시고, 시내 곳곳에서 연주했다. 그리고 여느 밴드처럼 반짝 타올랐다가 꺼졌다.

내가 1981년에 동부로 옮긴 뒤로는 머독을 자주 보지 못했지만, 그가 가끔 우리 집에 머무르곤 했다. 나는 그의 시 낭송을 들으러 토론토의 이곳저곳을 다니면서 그가 문학적으로 주목받는 데 질투를 느꼈다. 마침 작은 잡지 몇 군데에 글을 기고하기는 했지만, 규모가 큰 잡지 십여 곳으로부터 거절당한 터였다.

출판사에서 일자리를 구한 나는 회사 업무용인 갈색 세단을 몰고 다녔다. 까마귀들처럼 검은 청바지와 검은 재킷을 입은 음울한 시인들 틈에 앉아 있자니 내가 무슨 머독의 가석방 담당관처럼 보였다. 그는 시 낭송을 마치고 모터사이클 재킷을 입은 고스족 같은 여자들과 어울렸다. 그녀들은 그에게 다가가 자기도 시를 썼는데 아마 그가 읽어보고 싶을 거라고 했다. 그러곤 같이 나갔다.

당시는 도시가 소문의 네트워크이던 시절이다. 토킹 헤즈의 리드싱어 데이비드 번이 있을 법한 창고 파티, 로즈데일 대저택에서 부모가 집을 비운 사이 열리던 파티, 영화배우 댄 애크로이드가 술을 마시던 무허가 술집.

우리는 신나는 무언가를 찾아서 도시를 누비며 시인들이 북적이는 루프탑 파티에 들렀다가 펑크밴드를 보러 갔다. 귀에서 윙윙 소리가 나는 채로 비틀비틀 돌아다니다가 퀸 스트리트 술집에 들어가 맥주를 마시고, 문신한 여종업원에게 남자친구가 있는지 궁금해했다.

머독이 텔레비전 예술 프로그램 토론자로 출연하게 되어 토론토로 온 적도 있다. 예산이 넉넉하고 예술이 성행하던 시절이었다. 레너드 코헨에 관한 프로그램이었다. 방송이 끝나고 머독은 녹화

테이프를 받아들고 호텔로 돌아가 그 테이프를 돌려 보았다. 머독은 텔레비전 화면에 괜찮게 나왔다.

나는 머독이 자기를 바라보는 모습을 보았다. 그의 삶에서 절정을 찍던 시절이었다. 비행기를 타고 대도시로 날아가 좋은 호텔에 투숙하는 삶. 술 좋아하는 호리호리하고 잘생긴 남자.

이튿날 오후 일찍부터 머독이 맥주를 마시자고 했다.

"시작하지 않는 건 괜찮은데 마시다 마는 건 싫어."

그에겐 술이 늘 말썽이었다.

젊을 때야 술을 퍼마셔도 젊음의 패기쯤으로 보일 수 있겠지만 언젠가부터 아마 서른 즈음부터 과음이 알코올 의존증으로, 우울한 잿빛의 끝없는 무언가로 보이기 시작한다.

머독 역시 큰 타격을 입었다. 그는 사랑스럽고 고통스러워하는 여자들에게 보살핌을 받고 살다가 결국 그녀들의 인내와 사랑을 소진시켰다. 그리고 곧 바닥으로 추락해 술에 절어 살았다. 빈털터리가 되어 고통 속에 살았고, 첫 번째 자살을 기도했다. 원래는 주변을 어지럽히지 않으려고 샤워하면서 자기 몸을 칼로 찌를 생각이었지만 욕조에서 미끄러지는 바람에 몸에 치명상을 입히지 못했다.

연극계 동료들이 그런 머독을 위해 돈을 모았다. 수천 달러가 모였다. 머독이 평생 만져본 가장 큰돈이었다. 다시 자립하고 술을 끊도록 돕기 위한 모금이었다. 하지만 술을 끊지 않았고 갈수록 심각해졌다.

어느 겨울밤 친구 하나가 차가 고장 나서 그의 집에 문을 두드린 일이 있었다. 머독이 문을 열자 그 친구는 부탁했다.

"자는데 깨워서 미안해. 택시 좀 불러주겠어?"

"네가 택시잖아."

머독은 이렇게 말하고는 그 친구의 얼굴에 주먹을 날리는 동시에 문을 쾅 닫아버렸다. 그는 갈수록 글은 적게 쓰고 술을 과하게 마셨다. 한번은 조경업체에서 일자리를 구하고 파티에 와서 이렇게 말했다.

"이 나라 최고의 시인 하나가 **잔디나 깔면서 사는** 게 거슬리는 사람 없나!"

사십 대의 어느 날, 그는 자포자기 심정으로 보드카를 진탕 퍼마신 후 차고 문을 닫고 차에 시동을 건 채 죽기 위해 그대로 앉아 있었다. 그러나 촉매 변환 장치로 인해 뜻대로 되지 않았고, 가스에 중독되어 숙취 상태로 깨어났다.

머독은 AA에도 나가봤지만, AA가 잘 맞는 사람은 아니었다. 우선 남 얘기에 관심이 없고 인간보다 위대한 어떤 힘의 존재도 믿지 않았다. AA의 커피도 맛이 없었다. 결국엔 술을 끊지 않았다. 술을 끊기 위해 브리티시컬럼비아주의 한 병원에 가서 비쩍 마른 필로폰 중독 바이커들 틈에 앉아 있기도 했다. 역시나 효과를 보지 못했다. 다른 프로그램도 시도해보다가 결국 그만두었다.

그는 밴쿠버섬의 작은 마을로 들어가더니 나를 비롯한 옛 친구들과 연락을 끊고 살았다. 그렇게 몇 해가 흘렀다. 그가 인후암에 걸려 심각한 상태로 앨버타주로 돌아왔다는 소식은 들었지만 그를 본 사람은 거의 없었다. 난 그가 인생에서 조용히 사라지는 친구 중 하나라고 생각했다. 예전에는 알았지만 언젠가부터 연락이 끊기고 사라지는 친구들 말이다.

그러니 어느 날 열대 해안의 분홍색 전원주택 사진을 첨부한 이메일을 받고 내심 놀랐다. 머독은 하고 많은 곳 중에서 하필 버뮤다에 살았다. 암에서 회복하던 중 오래전부터 알던 여자를 다시 만나 사랑에 빠졌다. 그녀가 버뮤다의 검사 자리에 지원했는데, 크게 기대하지도 않던 그 자리를 얻은 것이다. 두 사람은 버뮤다로 옮겨서 해안가의 분홍색 전원주택에 들어갔다.

반바지 차림을 한 금발의 머독은 햇살 속에서 보트를 타고 있는 사진을 보내주었다. 햇볕에 잘 그을린 피부는 보기 좋았다. 그런데 모든 것이 충격적으로 어울리지 않았다. 평생 지하방과 블랙진, 변변치 않은 직업을 전전하며 살아온 끝에 드디어 여유 있는 화려한 인생을 살게 된 것이다.

머독이 이메일로 왜가리와 석양, 열대의 꽃이 있는 사진을 보내고도 몇 년이 더 흘렀다. 그에게 가장 가능성 없어 보이던 인생 2막을 시작한 터였다. 젊은 시절 내내 맞서 싸운 부르주아로 살아가는 중년 남자. 나는 종종 그의 이야기를 구원의 교훈처럼 들려주곤 했다.

그런데 그는 이메일에 버뮤다 생활이 좋긴 하지만 오랜 흡연과 음주 탓인지 그저 아버지의 유전자를 물려받은 탓인지 시력을 잃어가고 있다고 적어 보냈다. 암으로 혀 일부도 잃어서 말을 잘 못하고 맛도 느낄 수가 없다고 했다.

그러다 인생 2막도 별안간 끝났다. 다시 술을 마시기 시작했고 순식간에 과음하는 수준에서 위험한 수준으로 넘어갔다. 글도 쓸 수 없게 되었다. 사람 얼굴을 알아보지 못할 정도로 시력이 떨어졌다. 폭언하고 악을 쓰고 안으로 움츠러들기만 했다. 아내와 함께 다시 캐나다로 돌아와 살아보기로 했다. 캘거리는 고향이기도 하고 가족이 아직 남아 있었지만, 이제는 팽창하고 경쟁이 심해져서 서로 밀치고 지나가는 도시가 되었다. 그래서 병원과 재활 제도가 익숙한 밴쿠버섬으로 돌아갔다.

그는 그 섬의 작은 마을이 마음에 들지 않는 데다가 쓰레기 같다고 투덜대면서도 달리 갈 데가 없다는 것도 알았다. 술을 끊었다가 다시 마셨다가 다시 끊기를 반복했는데 술값은 버뮤다에 남기로 한 아내가 대주고 있었다. 그러다 1월에 삶을 끝내고 싶은 마음으로 트럭 앞으로 뛰어든 것이다. 그즈음 다시 옛 친구들과 소식이 끊겼는데 나는 그런 줄은 모르고 있었다.

4월에 그가 내게 이메일로 그 사건에 관해 전하고는 시력이 점점 나빠져서 글을 읽는 게 힘들었다고는 했다. 책과 신문은 물론이고 이메일을 쓰는 것조차 쉽지 않았다고 했다.

"오디오북을 듣고 항상 뉴스를 따라잡으려고 해보지만 젠장 정말 힘들어."

그 다음번 이메일은 시 형식이었다. 그의 습관인지 시력이 나빠져서인지 컴퓨터가 변칙적으로 형식을 정한 건지는 모르겠다.

핑계가 아니라 시력이 많이 안 좋아

아직은 더 많이 연락해야 해

정신과 병동에서 마이클 얘기를 들었어

[마이클 그린, 우리가 둘 다 아는 친구로 차 사고로 죽은 친구 말이야.]

그리고 난 자살을 시도하다가 아직 여기 갇혀 있어

최선을 다해 잘 버티고는 있어

네게 보내
좋은 생각을.

다음번 이메일에 머독은 그래도 살아남을 것 같다고 적었다.

글을 쓰는 건 늘 어려웠지만 이제 눈까지 잘 보이지 않으니 여간 힘든
게 아니야. 그래서 감각 자체가 무너졌어.
난 자살을 잘 못 해. 아무리 해봐도 안 되는군.

그는 블로그에 1960년대를 향한 향수 어린 글을 올렸다. 켄트
주와 헤이트 애시버리, 그리니치 빌리지에 강한 애착을 느끼고 정
치와 패션, 음악이 북미 전역의 수많은 사람을 가느다란 실로 연결
해주었다고 적었다.

나는 상처 입은 청년이었다. 유년기 상처와 치열하게 싸웠고, 내게 있
는 줄도 몰랐던 슬픔을 둘러쓰고 다녔다. 그럼에도 우리는 개인사가
정치, 더 나아가 역사와 혼합된 사실을 기억해야 한다. 그리고 실패한
혁명의 오랜 전우들은 분명 기억할 것이다.
내게 그 시절은, 1968년에서 1972년까지의 시간은 여기 이 바닷가에
서 어린애들이 파도타기하는 걸 지켜보는 것만 같았다. 그냥 파도를
잡고 올라타는 것을…. 나는 상처 입은 청년이자 여린 감성의 소유자
였지만 그 시대가 우리를, 우리 한 사람 한 사람을 휩쓸어 아무렇거나,
때로는 아름답게 한데 내던졌다. 그 시절의 모든 것이 지금도 아름다
운 음악으로 살아남았다. 우리는 살았고, 우리는 살았다.

하지만 다 수십 년 전 이야기이고 머독은 이제 고립된 상태였다. 아내와는 자주 통화하지만, 심리치료사 외에 연락하고 지내는 사람이 거의 없는 모양이다. 남은 거라고는 글을 쓸 수 있다는 가능성이었다.

그는 내게 이렇게 적어 보냈다.

내 안에 책 한 권이 들어 있는 것 같아.

그런데 알다시피 글쓰기라는 것이 공평하게 경쟁할 때도 힘든데 이렇게 눈도 안 보이고 마음도 슬프고 술에 취해 살고 말도 제대로 못 하는 채로는… 어휴.

그에게는 책을 쓰기 위한 소재가 있었다. 하지만 쓰지 않았다. 한구석에서 깨작거리며 블로그에나 글을 올리고 시 몇 편을 쓸 뿐이었다.

한 달 후 그에게서 마지막 이메일 몇 통 중 한 통을 받았다. 나는 답장을 보냈고, 그는 이메일 하나 읽는 데도 한세월이 걸리니 짧게 쓰지만, 다시 연락하겠다고 간단히 보냈다. 9월에 한 친구가 머독이 그의 아파트에서 죽어 있는 걸 발견했다.

나는 머독의 이메일을 다시 읽어보고 블로그에도 들어가 보았다. 노동계급의 고단한 삶에 관한 글이 있었다. 부실한 치아와 모든 것, 그러니까 돈과 교육과 기회의 결핍에 관한 글이었다.

노동계급으로 태어나면 세상 거의 모든 것이 공모해 우리의 천재성을 짓밟는다.

머독은 오랜 세월 자기가 천재라는 관념에 사로잡혀 있었다. 어쩌면 그 생각을 무덤까지 가져갔을 것이다. 그의 삶을 지탱하는 버팀목이었을 테지만 실제로 무슨 생각을 했을지 누가 알겠는가. 그는 블로그에 이렇게 적었다.

나는 절망을 연구한다. 이것이 내 직업의 일부다.

머독이 연구한 것은 그 자신의 절망이었다. 그에게 가장 가까이 있고 가장 풍성하고 가장 의미 있는 연구 대상이었다. 그의 마지막 몇 달은 절망에 지배당했을 것이다. 작은 마을에서 병들고 앞을 못 보고 틈만 나면 술에 취한 채로, 아니 고립된 채로.

한 친구는 내게 머독이 오래전부터 죽어가고 있었다고 했다. 사실은 수십 년 전부터. 머독이 쓴 시는 거의 모든 시와 마찬가지로 세상에 알려지지 않은 채 오직 그 자신의 관심으로만 살아남았다. 한번은 그가 내게 전화해서 방금 자기가 쓴 작품을 다 읽어봤는데 "활동 장치에서 막 빠져나온 것처럼 뜨겁다"고 했다.

머독은 타고난 교사로 남들에게서 영감을 불러낼 수 있었다. 그는 카리스마 있고, 시와 문학에 대한 열정이 넘치며 조예가 깊었다. 학생들을 가르칠 기회가 몇 번 있었지만, 정식 자격증이 없는 데다가 자기만의 의심에 사로잡혀서 그만두고 말았다.

영화 〈죽은 시인의 사회〉에서 교사 역할을 맡은 로빈 윌리엄스는 학생들에게 오늘을 즐기라면서 17살에는 믿기지 않겠지만 어차피 다 시들어 죽게 되고 그전에 지난날을 돌아보며 인생의 풍경을 성찰할 날이 온다고 말한다. 충분히 살았는가. 충분히 사랑했는가. 로빈 윌리엄스는 63살에 목을 매달았고, 훌륭한 작품 몇 편과 감상적인 삼류 작품 몇 편을 남겼다. 위대한 재능이 어둠에 압도당한 것이다.

머독이 남긴 건 술에 절어 웃음꽃을 피우며 살던 우리의 청춘에 대한 또렷한 기억이다. 그는 청춘으로 사는 재능을 타고났지만 마흔이 되자 예술 전쟁에서 반백이 된 참전용사라고 자조했다. 그에게 마흔은 새로운 서른이 아니라 새로운 예순이었다. 그는 사십대에 이렇게 적었다.

인생이 시가 아닌 걸 아주 늦게 배운 것 같다. 인생은 돈이고 세금이고 병원에 다니는 일이고 운동을 충분히 하는 일이고 줄담배를 피우지 않는 일이고 세상의 보드카를 다 마셔버리지 않는 일이다.
지금 나는 44살에 오랜 세월 피운 담배로 쪼글쪼글해진 얼굴과 세상의 모든 보드카로 벌겋게 된 얼굴로 세상의 어떤 시도 나를 구제할 수 없다는 사실을 깨닫는다.

2001년 텍사스대학 오스틴캠퍼스 심리학과의 제임스 페니베이커 교수는 소프트웨어 프로그램을 이용해 유명 시인 열여덟 명의 시 300편을 비교했는데, 그중 아홉 명이 자살한 시인이었다. 자살 집단에는 실비아 플라스, 앤 섹스턴, 하트 크레인, 랜들 자렐 등이 있었다. 자살하지 않은 통제 집단에는 머독이 좋아하던 시인인 로렌스 펄링게티, 에이드리언 리치, 보리스 파스테르나크가 있었다.

페니베이커 교수는 이렇게 말했다.

"우리는 자살한 시인들과 자살하지 않은 시인들의 시어가 크게 다르다는 것을 발견했다. 자살한 시인들은 '그', '그녀', '그들', '우리'라는 표현을 잘 쓰지 않는다. 남들과 소통하지 못하는 것처럼 지나치게 '나'를 즐겨 쓴다."

머독의 시는 일인칭 서사에 과도하게 치우쳐 있고 '나'라는 표현도 자주 나온다. 페니베이커 교수의 연구는 시인보다는 자살 연구에 관해 더 많은 것을 시사한다. 소규모의 주관적인 표본을 제외하면 연구에서 여전히 개념적 도약이 필요하다. 이를테면 일인칭 대명사가 나온다면 작가가 "남들과 소통하지" 못하고, 자신의 경험을 소통하는 건 자살 성향을 의미할 수 있다고 간주해야 한다는 뜻이다. 이 교수가 절제해서 표현한 "시인 집단은 지상에서 가장 쾌활한 사람들은 아니다"라는 말이 통찰을 주지는 못한다.

2003년 심리학자 제임스 카우프먼의 〈뮤즈의 대가: 시인은 요절한다〉라는 불길한 제목의 연구에서는 시인의 기대 수명이 62.2년으로 작가 중에서도 가장 짧다고 밝혔다. 머독은 61.9세에 사망했다. 카우프먼은 시인들이 일찍 사망하는 현상이 정신 질환과 관련 있을 수 있다고 보았다. 시인들이 남보다 자기를 더 성찰하고 더 가난하고 정서적으로 더 취약하기 때문이라는 것이다.

창조성과 자살은 오래전부터 상관관계가 있는 개념으로, 그 사례를 일일이 열거하자면 한참이다. 미시마 유키오, 버지니아 울프, 실비아 플라스, 다이앤 아버스, 마크 로스코 등. 스웨덴 카롤린스카 연구소에서는 120만 명의 자료를 검토해 남자 예술가가 전체 인구에 비해 자살 가능성이 두 배 높다고 밝혔다.

예술가는 모든 현대적 형태의 광기를 유독 사랑한다고 결론을 내릴 수 있을 듯하다. 낭만적으로 해석하면 예술은 우리가 접하기 어려운 세계를 슬쩍 보여주는 것이고, 우리를 그곳으로 이끌어주는 탐험가들은 그 세계를 아는 대가를 치른다. 하지만 스웨덴 연구자들은 작가와 알코올 의존증, 정신 질환의 상관관계도 확인해서 역전된 인과 관계를 제안했다. 이를테면 정신적으로 병든 사람이 예술을 치료법으로 삼는다는 뜻이다.

적어도 일부 예술가들은 예술을 자가 치료의 방법으로 활용한다. 이 가설이 옳다면 자연히 이런 문제를 제기할 수 있다. 치료가 더는 효과를 보지 못하면 어떻게 될까? 소설이 혹평을 받거나 애초에 쓰지 않은 채로 남고, 그림이 팔리지 않고, 시가 세상에 알려지지 않는다면 어떻게 될까?

중년 후반에는 어떤 부류가 더 행복할까? 행복을 좇아 산 사람, 이를테면 예술가로 약간의 성공을 거두고 미약하게 이름을 날리기는 했어도 벌이가 신통치 않고 말년에는 비좁은 데서 궁색하게 사는 사람일까? 아니면 평생 우체국에 다니면서 매 순간을 혐오했지만, 이제는 괜찮은 연봉을 받고 겨울이면 기타를 들고 그리스로 여행을 떠나는 사람일까? 답은 그들에게 물어보는 시기에 따라 다를 것이다. 예술은 결벽증 환자에게는 어울리지 않는다. 예술은 청춘을 선호한다.

머독이 내게 보낸 마지막 이메일은 시 형식으로 끝을 맺고 있었다.

이걸 다시 읽자니 뒤죽박죽 엉망인 게 보이는군
그래도 무슨 말을 하려는 건지 이해하길 바라

자네가 뭔가 해야 한다고 생각하지 말아주길 바라

…

그래서 이런 글을 보내는 건 아니야

내가 뭔가 해야 할 것만 같았다. 그러나 하지 않았다. 머독과 내가 같이 아는 친구로, 머독이 결국 자살에 성공하기 전 1월의 자살 기도에 관해 전해 들은 다른 친구와 함께 우리가 무엇을 할 수 있었을지 이야기했다.

머독은 우리와 수천 킬로미터나 떨어져 살았다. 우리 둘 다 경제적으로나 직업적으로 스트레스에 시달리고 있었다. 자식들을 키우고 일정을 관리하고 일에 치여 살았다.

알코올 의존증에 앞 못 보는 남자를 과연 누가 받아줄 수 있었을까? 또 받아준다고 도움이 됐을까? 그의 삶의 질은 어땠을까? 우리의 삶의 질은? 모든 것이 철학적인 문제로 귀결되었다. 그러다 내 죄책감이 스멀스멀 기어 나왔다.

머독이 죽고 나서 시를 다시 읽어보았다. 자살 유서처럼 읽히는 시가 드문드문 있었다. 다음은 머독이 28살에 쓴 시다.

우리는 함께 내 죽음을 목격할 것이다.

실험에서 필요한 부분이고 모든 과학자처럼 나는 두렵지 않다.

나와 함께 예술과 과학이 대가를 치르는 과정을 지켜보자.

니코틴 착색과 빈 술잔을 보게 될 것이다.

머리숱이 줄고 잇몸이 줄어드는 과정을 찬찬히 지켜볼 것이다.

기억을 잃어가고 상상력이 소멸되는 과정을 기록할 것이다.

내 손이 떨리는 것을 지켜볼 것이다.

시의 중심에 시커먼 구멍이 어렴풋이 보이는 듯했다. 많은 사람에게 이런 구멍이 보인다. '내가 내 인생에 무슨 짓을 한 거지?' 인생이 늘 즐겁지만은 않은 현실을 받아들이고 나면 이런 질문이 떠오른다. 그러면 뭐가 남지? 뭘 할 수 있지? 답이 항상 고무적인 것은 아니다.

머독은 소설은커녕 무슨 글이든 많이 쓰지 못했다. 삶에서 소박한 즐거움마저 사라지고 눈이 나빠지면서, 땅거미가 자주 내려오다가 이내 암흑에 휩싸였다.

내가 만약 시력을 잃는다는 사실을 알게 된다면 어떨까? 지금은 내 눈도 좋아지면서 동시에 나빠지고 있다. 원시가 좋아지는데 특이한 현상은 아니다. 이제는 안경 없이 지하실의 큼직한 텔레비전 화면을 볼 수 있지만, 아침이면 눈에 초점이 맞지 않아 침침하고 흔들려서 곧바로 신문을 보지 못한다. 때로는 한 십 분쯤 지나야 내가 평소 신문에서 맨 먼저 찾아보는 스포츠 점수를 확인할 수 있다. 반사적으로 나오는 행동일 뿐 더는 경기를 챙겨보는 것도 아니다. 내 눈 속에는 부유물이 기묘한 슬로 모션처럼 떠다닌다.

시력을 잃는 건 치명적이지만 내게는 아직 나를 필요로 하는 자식들이 있다. 어쨌든 내게는 그 아이들이 필요하다. 가족이라는 닻이 없었다면 누가 알겠는가. 그런 상황을 떠올려보다 이내 병적인 생각을 떨쳐내려 한다.

머독의 장례식에 참석하러 캘거리로 날아갔다. 우리는 계절에 맞지 않게 따뜻한 10월의 어느 날, 머독의 예순두 번째 생일에 그의 무덤가에 모였다. 서쪽 하늘에 치누크*가 동쪽으로 구름을 떠밀면서 극적인 장관이 펼쳐졌다.

오싹할 만큼 형을 빼닮은 머독의 막내 남동생이 장례식에 있었다. 그는 검은 셔츠에 검은 정장 재킷, 블랙진, 머독이 신었던 검은 부츠 차림이었다. 그가 거기 서서 담배를 피우는 모습은 머독이 자신의 장례식에 참석한 것 같은 착각을 일으킬 정도였다.

이튿날 저녁에 머독의 생애를 추도하는 자리를 극장에 마련했다. 머독이 생전에 받은 감사장에 적힌 글이 장례식 이후에도 퇴색하지 않은 것 같았다.

> 머독은 대안 예술 현장의 기초를 다진 인물이고 … 많은 사람에게 전하는 재능은 소중하게 기릴 만하다.

대형 화면에 슬라이드 쇼로 사진이 뜨면서 자작시를 낭독하는 머독의 목소리가 흘러나왔다. 158장의 사진이 시간순으로 1950년대의 흔한 학생 사진부터 시작되었다.

머독이 내게 어릴 때 아버지와 함께 캘거리 서쪽의 작은 산에 자주 올랐다고 말한 적이 있다. 그곳에는 현재 교외 주택가와 쇼핑몰, 자동차 대리점이 들어섰지만, 당시만 해도 소나무 숲이 울창해서 물결치듯 구릉진 시골 풍경이 펼쳐졌을 것이다. 어쩌면 마법 같은 석양이 펼쳐지고 산 너머 태양이 구름의 밑면을 붉은빛의 총천

---

* 겨울이 끝날 무렵 로키산맥 동부에 부는 건조하고 따뜻한 바람.

연색으로 비추었을 것이다. 아버지와의 등산이 무척 즐거운 경험이었겠지만 머독의 유년기에 즐거운 적은 거의 없었다.

사진은 천사 같은 소년에서 사춘기 초기의 침울한 소년으로 넘어갔다가 갑자기 15살의 히피 소년으로 넘어가고, 떠오르는 시인(아름다운 청년)이 나왔다가 마지막으로 세월의 직격탄을 맞은 듯 보이는 굳은 얼굴의 60살 남자로 넘어갔다. 가장 흥미로운 사진은 청년기의 사진이다. 그리고 그 사진 중 한 장에 젊은 시절의 내가 있어서 깜짝 놀랐다.

사진 속에서 머독은 웃거나 반항하거나 수심에 잠긴 채 항상 담배를 물고 있었다. 그는 시인처럼 보이고 아직 곧 세상에 펼쳐질 자신의 위대함을, 그가 상상할 수많은 삶의 궤도를 확신하는 듯 보였다.

암흑에서 벗어나기

주로 국가기관에서 주최하는 수십여 개의 자살학회가 매년 열린다. 대개 학회마다 주제가 있다. 정신 건강, 인간 탄력성, 침묵의 전염병, 벽을 허물고 다리를 놓기 등처럼. 자살학자와 협력단체들의 강연과 토론회도 있다.

나는 나이아가라 폭포에서 열리는 학회에 참석하기로 했다. 집에서 가깝다는 이유가 크긴 했지만 왕성하게 연구하는 자살학자로, 이 시대에 가장 존경받는 학자이자 '미스터 자살학'이라고 불리는 데이비드 레스터가 이 학회의 기조연설을 맡았기 때문이기도 했다. 미스터 자살학은 저서가 99권이고 논문은 2,550편에 달한다.

미스터 자살학은 자살학Suicidology이라는 용어를 처음 만든 에드윈 슈나이드먼(1918~2009)을 부르던 호칭이다. 슈나이드먼은 자살은 그가 '심리통Psychache'이라고 일컬은 심리적 고통의 결과라고 적었다. 그 밖에도 우울, 수치심, 절망, 채무, 유전 같은 온갖 요인이 견딜수 없는 절망으로 이끌어갈 수 있다는 점에서 자살과 관련이 있다.

슈나이드먼이 자주 하는 말이 있다.

"누구도 꼭 죽어야 할 이유는 없다. 어차피 누구나 죽는다."

현대 자살학은 1949년에 슈나이드먼이 임상심리학자로 일하던 웨스트 로스앤젤레스의 재향군인관리국 신경정신과 병원에서 탄생했다. 그는 스스로 목숨을 끊은 참전용사 두 명의 아내를 위해 위로 편지를 써달라는 의뢰를 받았다. 두 참전용사에 관한 자료를 받으려고 카운티 검시관실에 갔을 때 보관실에서 721장의 자살 유서를 발견했다. 소중한 연구 자료가 될 수 있겠다고 판단하고 허락을 구해서 연구실로 가져갔다.

하지만 이때가 자살 연구에 매진하게 된 결정적 순간은 아니었다. 결정적 순간은 잠시 뒤에 왔다.

그가 그 유서를 읽지 **않고** 맹목 통제 실험으로 비슷한 조건의 자살하지 않은 사람들에게서 받아낸 모의 유서와 비교할 수 있다면 유서의 잠재적 가치가 훨씬 커질 거라고 막연히 짐작한 순간이 결정적이었다. 이것이 자살로 가는 왕도였다.

이후 300여 차례의 자살 유서 연구를 통해 다양하고 때로는 모순된 통찰이 나왔다. 자살로 죽은 사람들은 항상 솔직하게 사유를 적은 것도 아니고 그들의 상태로 보아 인생이나 시적 결론에 관해 어떤 은유적 진실을 밝히는 것도 아니다. 놀랄 만큼 많은 유서에서 현실적인 문제를 말한다.

"개밥 주는 거 잊지 마."

1955년 슈나이드먼이 로스앤젤레스에 자살예방센터를 설립했을 때만 해도 자살에 관해 알려진 정보는 거의 없었다. 자살에 관한 소식은 축소 보도하고 오명을 뒤집어씌우고 있었다. 사회적 관심도 지금처럼 유명인의 자살에만 쏠려 있었다.

자살예방센터가 알려진 계기는 카운티 검시관실에서 마릴린 먼로가 스스로 목숨을 끊은 것인지 판단해달라는 의뢰를 받으면서였다. 슈나이드먼은 괴로워하던 먼로에 대해 그가 심리 부검Psychological autopsy이라고 부른 분석 기법을 적용한 후 자살로 판단했다.

이처럼 출발은 화려했지만 실패한 출발이 되었다. 이후 십 년간 신경과학이 발전하고 제약업계의 힘이 막강해지면서 슈나이더먼의 심리 접근법을 압도해 연구비 마련이 더 어려워졌다. 바야흐로 특효약의 시대였다.

사람들은 과학이 발달해 자살의 신경학적 원인을 찾아내고, 제약회사들이 자살을 예방해주는 신약을 개발해서 심리학을 대체할 항우울제가 널리 사용될 거라는 희망에 부풀었다. 하지만 슈나이드먼은 자살을 음지에서 양지로 끌어낸 사람이다.

나이아가라 폭포는 자살자를 끌어당기는 대표적인 장소다. 매년 스무 명에서 사십 명이 나이아가라 폭포로 떨어져 자살한다. 수치의 범위가 넓은 이유는 일부러 뛰어든 것인지 사고사인지, 아니면 살아남기를 기대하고 짜릿한 흥분을 위해 떨어진 것인지 명확히 밝혀진 건 아니기 때문이다.

내가 나이아가라 폭포에서 참석한 학회는 '암흑에서 벗어나기'라는 제목의 행사였다. 호텔에 체크인하고 데이비드 레스터가 강연하는 회의장으로 갔다. 회의장에는 사회복지사, 상실을 겪은 사람들, 심리학자, 정신과 의사, 사회학자를 비롯한 수백 명이 가득 들어찼다.

한 연구자가 레스터를 장황하게 소개했다.

"그러면 큰 박수로 맞이하겠습니다….".

레스터는 마침내 마이크를 잡고 이렇게 말했다.

"우리는 사람들이 왜 스스로 목숨을 끊는지 알 수 없습니다."

뜻밖에도 신선한 도입부였다. 레스터는 학자다운 태도와 트위드 재킷, 짧게 깎은 수염, 부드러운 영국식 억양의 소유자였다. 그는 의사, 우울증 환자, 독신자들을 집단으로 묶어서 일정한 양상을 찾아내는 양적 접근에는 관심이 적었다. 그보다는 질적 접근에 중점을 두었다. 자살한 사람들의 친척들에게서 고인의 일기를 구해서 분석했다.

연구자들은 제임스 페니베이커가 자살한 시인들의 시를 분석하는 데 이용한 소프트웨어의 업데이트 버전을 개발했다. 새 프로그램으로 일기에서 병적인 표현을 찾아냈다. 대개 자살자가 실제 행동에 가까워지면 병적인 말이 줄어들거나 사라진다고 레스터는 말했다. 일기에서 자살을 결심하기까지는 비관적인 내용이 많아지다가 자살을 결심한 이후에는 오히려 어조가 밝아진다는 것이다.

레스터는 은둔자이자 성공하지 못한 시인으로 1962년에 스스로 목숨을 끊은 아서 인먼을 소개했다. 인먼은 1,700만 개의 단어로 쓴 아주 긴 일기를 남겼다. 책 두 권 분량의 이 일기는 1986년에 출간되었고, 훗날 〈카메라 옵스큐라Camera Obscura〉라는 연극과 〈인먼의 일기The Inman Diaries〉라는 오페라로 제작되었다.

인먼은 물려받은 재산이 있어 일하지 않아도 되었고 자기 아파트에서 거의 두문불출했다. 대신 세계가 그에게 들어갔다. 그는 일 달러를 줄 테니 자기 집으로 와서 사연을 들려달라는 신문 광고를 냈고, 평생 약 1,000명의 이야기를 들었다. 선원과 매춘부, 여배우, 프로 권투 선수, 택시 운전사 등이 그의 아파트를 찾아왔다.

인먼은 그들 중 몇 사람과 사랑에 빠지기도 했고 또 몇 사람과는 성관계를 가졌다. 이것이 그의 사회적 세계이자 인생의 전부였다. 결국 그 세계가 충분하지 않았는지 그는 자신에게 총을 발사했다.

레스터는 강연을 마무리하면서 수사적으로 이렇게 물었다.

"우리는 무엇을 배웠을까요? 저는 결론을 내리지 못했습니다. 정리된 결말이 없습니다. 특별할 것 없는 일이라도 모래알 한 알이 없어져서 모래더미가 무너지듯이, 그리고 우리가 모래더미를 무너뜨린 바로 그 모래알 한 알을 들고 있는지도 모릅니다."

내가 발견한 자살에 관한 분석 중 가장 설득력 있는 말이었다.

나는 며칠간 열린 나이아가라 폭포 학회에서 미디어가 자살을 다루는 방식(항상 세심하지는 않다), 공공 자살 정책(재정이 부족하다), 새로운 예방책에 관한 토론회에 참석했다. 학회가 끝난 후 레스터에게 인터뷰를 요청하는 이메일을 보냈다. 우선 내가 자살에 관심을 갖게 된 계기가 동생의 죽음이라고 밝혔다. 그는 이런 답장을 보내왔다.

저를 만나고 싶지 않을 겁니다. 저는 72살에 괴팍한 늙은이예요. 당신은 동생을 자살로 잃었군요. 나는 흔히 생각하는 자살학자가 아닙니다. 살아남은 사람들을 실망시킬 별난 생각을 많이 하는 사람입니다.

나는 그에게 쉽게 실망하는 사람이 아니라고 답장을 보냈다. 몇 차례 더 서로 이메일을 주고받은 후 그가 전화 인터뷰를 승낙

해주었다. 이튿날 그에게 전화를 걸어 그가 내놓은, 강박적으로 보일 만큼 방대한 연구 결과에 관해 물었다.

"나는 물론 강박적인 사람입니다."

레스터는 내게 자살률은 삶의 질을 나타내는 척도라고 했다. 하지만 꼭 힘든 시기에 자살률이 올라가는 건 아니다. 오히려 상황이 좋아질 때 자살률은 올라간다.

"상황이 좋아지면 자살률이 내려가고 힘들어지면 올라갈 거라고 생각할 수 있습니다. 하지만 상황이 좋으면 더는 자기 문제를 외부의 영향 탓으로 돌릴 수가 없어집니다. 내면화하게 됩니다. 모든 문제가 자기에게 있다고 여기는 거죠."

아일랜드에서는 1990년대에 자살률이 급증했다. 켈트의 호랑이*가 날뛰고 활기 없던 경제가 갑자기 호황을 맞은 시기였다. 전통 사회에서 현대 사회로 넘어가면서 아일랜드 사람들을 묶어주던 공통의 가치관이 무너졌는데 그 자리를 대신할 새로운 가치관은 아직 생기지 않은 상태였다. 적어도 사회학자들이 내놓은 설명은 그랬다.

거대 경제 조직이 사회에서 승자와 패자를 양산했고, 아일랜드의 문학으로 비춰보면 모두가 비참한 사회였다. 따라서 좋은 시절이 더 견디기가 힘든 것이다. 어느 정도 함께 나누지 못하기 때문이다.

1970년대에 오일 붐이 일어난 캘거리에서는 정반대의 상황이

---

* 1980년대 서유럽 변방의 가난한 농업국에서 2000년대 중반까지 고성장을 거듭한 아일랜드를 부르던 별명.

벌어졌다. 십 년이나 지속된 오일 붐 시대에 자살률이 떨어진 것이다. 그러다 1982년에 경제가 무너질 때 자살예방센터의 핫라인으로 걸려온 전화는 5,444통이었다! 오일 붐의 호황이 최고조에 이르렀던 1981년의 2,262통에 비하면 두 배 이상이었다.

이것이 자살 연구의 난관 가운데 하나다. 보편적 진실은 거의 없다. 한 개인을 자살에 이르게 한 상황이 다른 개인에게는 정반대의 영향을 미칠 수 있기 때문이다. 데이비드의 자살은 적어도 겉으로는 드디어 좀 살 만해진 시기에 일어났다.

좋은 시기에 관한 레스터의 시각은 통계로도 입증이 가능하다. 2010년 〈사이언티픽 아메리칸〉에 실린 자살에 관한 논문에서 이렇게 지적했다.

스스로 목숨을 끊는 사람들 다수는 실제로 평균보다 생활 수준이 더 나았다. 자살률은 후진국보다 생활 수준이 높은 국가에서 더 높고, 미국 안에서는 삶의 질이 나은 주에서 더 높고, 개인의 자유를 지지해주는 사회에서 더 높고, 기후가 좋은 지역에서 더 높고, 계절의 변화가 있는 지역에서는 따뜻한 계절에 더 높고, 대학생 중에서는 성적이 더 좋고 부모의 기대가 더 높은 학생들 사이에서 더 높다.

자살은 객관적 상황보다는 기대치와 연관성이 더 높다.

레스터는 십 년마다 자살 연구 전서를 다시 펴냈지만, 디지털 혁명이 일어난 뒤로는 그 작업을 중단했다.

"이제는 전부 인터넷에 있어요. 무수한 논문이 인터넷에 올라와 있죠. 그런데 연구자들은 최신 연구만 들여다봐요. 그 이상 돌아가 보려 하지 않아요. 그래서 같은 얘기만 되풀이합니다. 더는 무엇을 성취했는지 모르니 바퀴를 다시 발명하는 격이지요. 요즘 은 조사 방법도 더 발전했고, 자료도 더 많고, 통계 분석 방법도 더 나아요."

하지만 연구자들은 같은 영역만 거듭해서 다루려고 한다.

나는 레스터에게 은퇴하고도 연구를 계속할 건지 물었다.

"그만둘 겁니다. 벌써 책도 다 남들 줘버렸어요. 다 두고 떠날 겁니다."

나도 그렇게 할 수 있으면 좋겠지만 데이비드의 죽음으로 수많은 사람이 때로는 혼자서 나직이 나누는 대화의 창이 열린 탓에 나로서는 그 대화를 엿듣지 않을 수 없다. 레스터의 많은 학술 논문 가운데 예술가와 자살에 관한 논문이 있다. 그중에 〈자살을 완수한 시인과 소설가에 대한 분석〉이라는 논문을 보자. 아이오와 대학의 작가 워크숍에서 작가 삼십 명을 대상으로 한 연구에서 80퍼센트가 '정서장애'를, 30퍼센트가 알코올 남용 증상을 보이고 두 명이 자살했다고 밝혔다.

스스로 목숨을 끊은 작가 열세 명 중에는 한 명을 제외하고 모두가 우울증이나 알코올 의존증에 시달렸다. 예외인 한 명은 조현병이었다. 레스터는 다른 연구에서 영국·러시아·일본·미국의 작가들을 분석했다. 모두 자살률이 높아서 사회문화적 현상이라기보다는 직업적 현상으로 보고 있다.

게다가 작가들의 형편이 갈수록 더 나빠지고 있다. 나는 수십 년간 잡지와 신문에 기고했는데, 두 매체 모두 세상이 디지털화되면서 서서히 사라지고 있다. 매체들의 가격도 이십오 년간 크게 달라지지 않았다. 출판업도 그다지 여유롭지 않다.

문학상을 받은 한 소설가는 오십 대에 오토바이 택배 일을 구하려고 했지만, 실제론 구하지는 못했다. 그는 오직 글의 개성의 힘으로만 작품이 겨우 살아남은 사실을 깨달았다고 했다. 그가 떠나면 작품도 사라질 거라면서. 그리고 거의 떠날 뻔했다. 자살을 시도했다가 살아남아 병원 신세를 지기도 했으니 말이다. 회복한 그는 우울증에 관해 이렇게 말했다.

"해도 나지 않고 적대적인 타국과 같습니다."

맨부커상 후보에 오른 적이 있는 한 작가 친구는 내게 우버 기사가 될까 고민 중이라고 했다. 출판계는 혼란에 빠졌고 이제 한 세대가 소셜미디어를 기반으로 자라나고 있다. 내 에이전트는 작가들에게 순수문학은 죽었다고 했다. 내 에이전트만 이렇게 생각하는 건 아니다. 그녀는 요즘 자기가 하는 일에 관해 책 거래를 성사시키는 일만큼 위기 상담 전화도 많이 받는다고 했다.

이런 담론은 이십 년간 이어졌고, 어쩌면 이백 년간 이어졌을 수도 있다. 우리는 항상 불평하면서 한때 존재했을 수도, 아니면 존재하지 않았을 수도 있는 황금시대를 갈망한다. 소설의 죽음은 몇 세대 전부터 예견되었지만 어떻게든 절뚝거리며 여기까지 걸어 왔다. 그런데 지금의 위기는 실존적으로 느껴진다. 작가들이 생계를 유지하는 게 더 어려워진 것이다.

전자책이나 자가 출판 등 선택의 폭은 넓어졌지만, 재능은 부족하다. 책의 종수는 많아졌지만, 수입은 적다. 한 에이전트는 소설을 홍보하던 친구에게 자기를 위해 써야 한다고 조언했다. 글쓰기가 취미가 되어가는 게 현실이다.

우리 집에서 두 블록 떨어진 곳에 은둔자가 운영하는 중고 책방이 있다. 그는 무릎 아래를 자른 바지를 입고 들쭉날쭉 찢어진 로빈슨 크루소 패션으로 다닌다. 책은 주로 재활용 분리수거장에서 주워 온 것이다. 그 책방은 문을 연 적이 없다.

한번은 그 앞을 지나가다 책방 주인이 작은 책상 앞에 웅크리고 앉아서 큰 잔으로 술을 마시는 걸 보았다. 바닥에는 패스트푸드 용기가 널려 있었다. 문을 열어보려 했지만, 안에서 잠겨 있었다. 그가 사냥당한 짐승의 눈으로 나를 쳐다보았다. 내가 출판의 미래라고 생각하는 암담한 나날이 그곳에 있었다.

내가 사는 집 근처에는 사백 명 넘게 뛰어내린 다리가 있다. 블로어 바이어덕트라는 이름의 이 아치교는 1918년에 건설되자마자 세계의 자살 다리에 합류했다. 샌프란시스코 금문교에서는 1,600명이 뛰어내렸고, 중국의 난징 양쯔강 다리에서는 2,000명이 뛰어내렸다. 어느 나라든 이런 장소가 하나쯤은 있는 모양이다.

바이어덕트 다리는 우리 집에서 슬슬 걸어 아름다운 공원을 지나고 융자를 많이 끼고 구매한 주택들이 늘어선 거리를 따라 십분쯤 가면 다다를 수 있다. 우리 동네에는 작가들이 수십 명이나 살고 있어서 작가 집단과 자살 다리 집단의 두 가지 통계적 확률이 충돌하는 건 시간문제였다.

우리 집에서 두 블록 떨어진 곳에 살던 작가 H. S. 바브라는 토론토에 자살 방지 철조망이 세워지기 전에 마지막으로 다리에서 뛰어내린 자살자 중 하나였다. 바브라는 마흔다섯 번째 생일을 일주일 앞두고 이 다리에서 뛰어내려 55미터 아래 베이뷰 연장도로로 떨어졌다. 그가 사망한 후 〈실패한 작가, 자살하다〉라는 헤드라인이 달렸다. '실패한 작가'를 어떻게 정의할까?

그는 첫 소설 《제스처Gestures》로 문학상을 받았지만, 후속 작품을 내놓는 데 어려움을 겪고 있었다. 4부작 장편 소설을 쓰고 있었지만, 꽉 막힌 것이다. 그리고 빈털터리가 되었다. 동거하던 여자에게 2만 5,000달러를 빚졌고, 둘 다 아는 친구인 물리학자와 한집에서 살았다.

2000년 5월 31일, 물리학자는 지하철역으로 가던 길에 바브라가 도서관 앞에서 담배를 피우는 걸 보았다. 나중에 알고 보니 바브라가 유서 여남은 장을 쓰다가 잠시 쉬러 나온 참이었다. 그중 한 장은 그 물리학자에게 남긴 것이었다. 둘은 서로 손을 흔들었다.

'당신이 이 편지를 읽을 때쯤이면…'으로 시작하는 유서를 다 쓴 바브라는 우편으로 부쳤다. 그는 아침 일찍 블로어 바이어덕트로 가서 넓은 돌난간을 기어 올라가 눈 앞에 펼쳐진 광경을 바라보았다. 지평선에 해가 막 떠올라서 신호등처럼 보였을 것이다. 계곡은 푸르고 잔잔했을 것이다. 앞서 수백 명의 절박한 사람들이 감상했을 광경이다. 그는 뛰어내렸다.

나는 바브라와 동거하던 비 레드슨을 찾아갔다. 그녀는 아직 근처에 살았고, 현재는 원래 집에서 같이 살던 물리학자 앨런 랜들과 결혼했다. 두 사람은 내 맞은편 소파에 나란히 앉아 먼저 간 친구에 관해 들려주었다. 비 레드슨에게 보내는 유서에서 바브라는 이런 고백을 했다.

"책은 없어. 쓰지 않았거든."

바브라는 한 친구에게 《제스처Gestures》가 제대로 평가받지 못했다고 말한 적이 있다. 대다수 소설가가 이런 생각을 한다. 그는 역대 최고의 책 100권 리스트에 이름을 올렸다. 하나는 영어권 분야이고, 다른 하나는 해외 분야였다. 영어권 리스트에서 《제스처 Gestures》는 조지프 헬러의 《캐치-22》에 이어 2위에 올랐다. 해외 분야에는 8위에 올랐고.

바브라의 망상이기는 해도 그의 정신 상태가 여느 예술가들과 얼마나 다를까? 나도 책을 쓰면서 내 책의 막강한 힘을 상상한다. 미완성인 채로, 심지어 아직 쓰지도 않은 채로, 내 책은 이미 흠잡을 데 없는 걸작이 된다. 책을 쓰기 시작하면 얼마간 이런 환상에 매달리고, 동시에 주체할 수 없는 의심과도 싸워야 한다. 활기가 없나, **생기가 넘치나?** 이처럼 내 작업에 대한 상반된 생각이 머릿속에 들어 있고, 나아가 나 자신에 대한 상반된 생각도 들어 있다.

F. 스콧 피츠제럴드는 최고의 지능은 두 가지 상반된 개념을 머릿속에 담고도 계속 기능하는지를 기준으로 평가할 수 있다고 했다. 대다수 사람은, 특히 작가들은 대개 머릿속에 항상 두 가지 자아상을 담고 살아간다. 하나는 현실에 뿌리내린(현실의 제약을 받는) 자아상이고, 다른 하나는 날아오르는 자아상이다. 그리고 주어진 역할을 하면서 살아간다. 어쩌면 그래서 살아가는지도 모른다. 오로지 현실만 접한다면 온전히 살아가지 못할 것이다.

랜들은 내게 이렇게 말했다.

"바브라는 자기가 이십 대에 상상한 사람이 되지 못했어요. 44살에 그런 사람이 되기에는 시간이 부족하다는 걸 깨달은 거죠."

누구나 미래의 자기를 그려본다. 의식 차원으로나 구체적으로는 아니더라도 고등학교를 졸업하면서 최저 임금을 받고 좋아하지도 않고 긴 통근 시간을 견뎌야 하는 고된 일을 하면서 살고 싶다고 꿈꾸는 사람은 없다. 시시한 작가가 되겠다고 꿈꾸는 사람도 물론 없다.

하지만 혹평, 저조한 판매량, 부족한 호평 같은 사소한 패배가 쌓이고 남들이 성공하는 걸 보면서 스스로 무너진다. '어떻게 저 사람이 맨부커상을 받았지?' 작은 한 걸음 한 걸음이 모여 실망의 진창에서 허우적대는 중년으로 전락하는 것이다. 작가 찰스 부코스키는 작가는 25살이면 거의 끝났다고 보았다.

우리는 꽃을 피워야 할 때 끝내 피지 못한 장미와 같다. 그리고 태양은 기다리다 지친 것 같다.

바브라는 레드슨에게 남긴 유서에 이렇게 적었다.

마법만이 나를 살릴 수 있어. 그런데 이젠 마법에 기댈 수도 없어.

사람들은 종교든 예술이든 상상이든 일종의 마법에 의지한다. 그래야 위안을 얻고 간혹 의미도 찾을 수 있기 때문이다. 그러지 못하면 믿음을 잃고 우리 삶에 현실 이상의 무언가가 있다는 믿음을 더는 유지할 수 없다.

글쓰기는 언제나 밥벌이로서 위태로운 방법이었지만 요즘은 더 없이 안전하던 다른 직업들도 위태롭기는 마찬가지다. 그런 직업도 더는 안전하지 않다. 2008년부터 2009년의 경기 대침체기에

베이비붐 세대는 부동산 가치와 은퇴 자금을 잃고 가장 큰 타격을 입었다. 50세에서 64세 사이의 27퍼센트가 임금 감축을 당했는데, 이는 다른 연령 집단보다 높은 비율이다.

줄리 필립스는 후속 자살 연구에서 최근의 베이비붐 세대의 자살 원인이 사적인 요인(정신 건강)에 있는지, 관계(이혼)에 있는지, 외부 상황(경제 상황)에 있는지 알아보았다. 중년 백인 남성의 자살률이 가장 높았다. 자살률 면에서 미국에서 유일하게 이들 집단에 가까운 인종 집단이 북미 원주민이다.

그는 결론에서 백인이 역경에 덜 익숙하고 적응력이 떨어진다고 지적했다. 북미 원주민은 여러 세대에 걸쳐 인종차별과 빈곤에 시달리고 비할 데 없을 만큼 강탈당했다. 두 집단 사이에는 경제 격차도 크고 역사적인 접점이 거의 없지만 백인 남자들도 다른 면에서 강탈당했다고 느끼는 듯하다.

두 집단 모두 희망을 잃었다. 한 집단은 더 나아지지 않을까 봐 두려워한다. 다른 한 집단은 더 나빠지기만 할까 봐 두려워한다. 내 동생과 자살한 다른 친구들을 보면 다들 강탈당했다고 느끼고 이 세상에서 자기네를 위한 자리를 상상할 수 없었을 거라는 생각이 든다.

왜 그랬을까?

데이비드가 죽고 십 년 가까이 지났을 때 부모님이 훨씬 작은 새 집으로 이사하는 걸 돕기 위해 다시 캘거리로 갔다. 서쪽 하늘에 치누크 아치*가 떠 있고, 1월치고는 따스한 날이었다. 사람들 몇이 셔츠 차림으로 거리에 나와 있었다.

아버지와 난 이사한 새집에 필요한 액자걸이, 전구, 엘 자 브래킷 같은 물건을 사기 위해 홈데포로 출발했다. 아버지는 기억력이 많이 떨어져 보였다. 의기소침해 보이고 마치 더 많은 것을 기대하는 어린애 같았다.

차 안에서 아버지가 나를 돌아보며 물었다.

"네 동생은 왜 그런 짓을 했을까?"

아버지가 오랜 세월 스스로에게 물은 질문이리라. 나도 답을 몰랐다. 그저 혼자서 고심하다 생각해낸 이런저런 이야기만 있었다.

"저도 모르죠, 아버지. 갠 애너 메이와 헤어지고 많이 힘들어했

---

* 로키산맥 위에 나타나는 구름 둑처럼 보이는 뭔 구름.

고, 여러 가지 일로 불행해했어요."

나는 마약도 그중 하나이고, 중년이 침입자처럼 다가와서 아무래도 소외감이 들었을 거라고 했다. 아버지는 고개를 끄덕였지만, 아버지의 논리적인 성격에는 내 대답이 모호하게 들렸을 것이다.

"우리가 언제 알았지?"

"우린 몰랐어요, 아버지."

우리는 동생이 벼랑 끝으로 걸어가는 줄 몰랐다. 우리가 동생하고 너무 멀리 떨어져 있기는 했지만 매일 마주치던 사람들도 모르기는 마찬가지였다.

"우리 집 가족사진을 다 봤단다. 데이비드는 웃은 적이 없더구나, 어릴 때도."

"데이비드가 항상 우울했을까요?"

"아마도. 속으로는 늘 그랬을지도 모르지."

아버지가 내놓은 결론이었다. 대학 시절에 미적분 시험에서 만점을 받은 분이다. 아버지에게는 설득력 있고 구체적인 이유가 있어야 했다.

우리는 홈데포를 이리저리 둘러보았다. 할아버지는 철물점을 운영했고, 아버지도 평생 그런 공간을 좋아했다. 모든 설비를, 헐거운 못과 공구와 밧줄을 사랑했다. 실용적인 남자들이 강력테이프와 나무나사로 세계를 유지하는 공간. 우리는 콘크리트 바닥을 터덜터덜 걸었다. 우리가 도움을 구한 사람은 아버지보다 많이 어리지 않은 남자로, 피폐한 술꾼의 얼굴을 하고 있었다. 그 일로 새로 시작해보려는 것이리라.

아버지는 단기기억으로 고생하지만, 유년기는 선명하게 기억하고 있었다. 아버지는 홈데코에서 돌아오는 길에 최초의 기억, 어릴 때 죽을 뻔했던 경험을 들려주었다. 1934년의 일이고, 4살이던 아버지는 양측 폐렴을 앓았다.

"네 할머니가 간호사셨어. 나는 백지장처럼 허옇게 질려서 고열에 들떴지. 어머니는 내가 무슨 병에 걸렸는지 알았지만, 포트 프랜시스에도 인터내셔널폴스에도 병원이 없었단다. 어머니는 자식 하나 잃는가 보다 했다더구나.

마을에 하나 있는 택시 기사에게 어머니가 전화를 했어. 미네소타에 있고 250킬로미터 떨어져 있는 데다가 국경을 넘어야 하는 덜루스에 가고 싶다고. 눈도 오고 택시 기사는 길을 몰랐지만 무작정 남쪽으로 달려서 어떻게든 병원을 찾았어.

어머니는 신의 가호라고 여기셨지. 의사들이 나를 치료했고, 다시 집으로 돌아와 침대에 앉아 있던 기억이 나. 몸무게가 확 빠져 있었어. 어머니랑 글래디스 이모가 나를 내려다보고 있었는데, 이모가 '애가 꼭 털 다 뽑아놓은 닭 같아'라고 했지."

아버지가 어릴 때 자란 포트 프랜시스는 펄프와 제지 산업의 도시로, 인터내셔널폴스에서 강 건너에 있고 제재소에서 나오는 특유의 썩은 냄새가 진동했다. 거칠기는 해도 질서정연하고 단정한 도시로, 지미 스튜어트의 영화에 나오는 하얀 말뚝 울타리 같은 감성이 깃들어 있었다. 아버지와 큰아버지는 모두 그곳에서 자랐지만, 제재소를 벗어나 미국의 대학에 진학했다. 1940년대 홈비디오와 흑백 사진을 본 적이 있는데, 그분들의 유년기가 내게는 신화처럼 보였다.

두 분은 모두 기쁘게 제재소를 벗어났으면서도 그 도시를 애틋하게 기억하고 이런저런 추억을 말하고 데이먼 러니언의 소설에 나올 법한 동네 사람들의 이름들인 레드 리펜백, 스네이크 후프척, 툴리 카울리아도 외웠다. 포트 프랜시스가 그들을 길러낸 것이다.

아버지는 어릴 때 친구들과 여전히 연락을 하고 있었고, 큰아 버지와도 가깝게 지냈다. 〈보난자〉 같은 드라마에 나오는 형제들처 럼 가끔 싸우고 나서 더 끈끈하게 우애를 다졌다. 그들은 정치에 관해, 미국 예외주의에 관해(큰아버지는 미니애폴리스에 살았다), 싱 글몰트 스카치위스키에 관해 언쟁을 벌였다. 결혼할 때 서로 들러 리를 서주고 모두 교수가 되었다. 아버지와 큰아버지 던은 서로 헷 갈릴 만큼 닮았다.

동생과 내가 썩 우애가 좋지 않아서 아버지가 실망했을지 궁금 하다. 우리는 '용감한 형제들'이었던 적이 없고, 다 내 탓 같아 죄스 러웠다.

가족은 세대가 바뀔 때마다 변해가며 마치 만화경을 돌릴 때처 럼 새로운 양상으로 펼쳐지는 듯하다. 자식을 아홉이나 낳는 19세 기의 가족은 자식을 하나만 둔 21세기의 가족에 밀려나고 있다. 삼대가 농장에 뿌리를 내리고 살았지만 네 번째 세대는 고향을 훌 쩍 날아가서 돌아오지 않는다.

인생에는 흥망성쇠가 있고 대개는 그럭저럭 적응해서 살아가기 마련이다. 우리 가족은 데이비드의 부재를 중심으로 다시 뭉쳤다. 참전용사가 다리를 잃고 적응해서 살아가듯이.

이튿날 부모님과 난 차를 몰고 밴프로 점심을 먹으러 갔다. 우 리는 데이비드의 밴드가 연주하던 바 건너편 식당에서 식사를 했다. 해가 나오고 눈 쌓인 산이 훤해졌다. 돌아오는 길에 우리는 캘거리 서쪽 농지에 있는 옛집에 들렀다.

40만 평의 땅에 열다섯 가구가 모여 사는 동네였고, 과거에 블러드족*이 버펄로를 절벽으로 몰아서 떨어뜨리는 방식으로 사냥하던 산등성이를 따라 집들이 늘어서 있었다. 서쪽으로 로키산맥이 보이고 삐죽빼죽한 하얀 능선이 남쪽으로 이어졌다. 여느 때보다 더 가깝게 보이는 착시 현상이 일어났다. 우리는 집 앞의 긴 진입로에 차를 세우고는 차에 그대로 앉아 있었다.

부모님은 여기서 삼십 년 가까이 살다가 출퇴근이 부담되어 캘거리로 들어갔다. 난 여기서 고작 몇 년 살았을 뿐이지만 내게 이곳은 늘 언젠가는 돌아가야 할 고향처럼 느껴졌다.

풍경이 한몫했다. 광대한 하늘과 희미하게 보이는 산맥. 오래된 하이웨이 1이 우리의 옛집에서 동쪽으로 바로 앞에서 가장 높이 올라간 탓에 갑자기 발아래 보우 밸리가 펼쳐지고 서쪽에서 설산이 반짝거렸다. 차를 몰고 그리로 올라가면 장관이 펼쳐지면서 강렬한 무언가가 나를 잡아챘다. 여동생은 이곳에 오지 않으려 했다. 자꾸만 눈물이 나고 고향에 대한 그리운 마음이 든다면서.

우리 옛집의 새 주인은 마당에 정자를 세우고 새집과 조그만 조형물을 만들어서 자연의 미를 그대로 살린 아버지의 미학을 흐트러뜨렸다. 장사가 잘 안되는 벼룩시장처럼 보였다.

나는 대학에 입학하기 전 여름에 알코올 의존자인 덴마크인 밑에서 그 집의 토대를 다지는 일을 도왔다. 그는 말수가 없고 롤링

---

* 캐나다 원주민 정부 카이나이 네이션.

타바코를 피우면서 침울하게 망치질을 해나갔다. 그 집은 가파른 언덕에 지어져서 외팔보 방식으로 숲과 이어졌다.

그 덴마크인은 이틀에 한 번씩 그 집을 완성하는 게 큰 의미가 없다고 했다. 어차피 언덕에서 미끄러져 저 아래 개울에 처박힐 거라면서. 그는 우리 아버지가 그 집을 손수 설계한 사실을 잘 알았다. 그는 점심시간에 보드카를 마셨고, 꼭 브뤼헐의 그림에서 튀어나온 인물 같았다.

우리 동네의 폴이라는 청년이 일손을 거들었다. 이십 대 초반의 폴은 옛날에 벼락을 맞은 적이 있다고 했다. 그해 여름에 다시 벼락을 맞았다. 그때 우리는 산등성이에서 서쪽으로 향한 다른 집에서 2층 합판 바닥에 못질하고 있었다.

멀리 60킬로미터 떨어진 곳에서 기상 현상이 일어나고 시커먼 먹구름이 서서히 다가오는 게 보였다. 구름이 점점 가까이 다가오고 목장에 번개가 내리꽂히자 우리는 급히 아래층으로 내려가 피신했다. 폴은 빼고.

"작은 비에는 안 다쳐요."

"작은 번개에는 다칠 수 있어, 멍청한 녀석아. 당장 거기서 내려와, 폴."

작업반장이 소리쳤다.

폴은 내려오지 않았다. 결국엔 번개가 그 집을 때려서 폴은 정신을 잃고 쓰러졌고, 그의 의치가 마룻장 속에 까는 거친 자재를 긁으며 지나갔다. 그렇게 젊은 사람이 의치를 해서 놀라던 기억이 난다. 그는 회복해서 보름 후 다시 일하러 나왔고, 벼락은 같은 자리를 두 번 때리지 않는다는 사실에 착안해서 자기 별명을 지어보려 했지만 마땅한 별명을 생각해내지 못했다.

우리 집은 완공하자마자 은신처이자 사교의 장이 되어 손님들로 북적였다. 교수 파티가 열린 어느 밤에는 브루클린에서 온 교수가 전면 유리창으로 숲을 내다보다가 살쾡이를 보고는 말했다.

"밖에 사자가 있어요."

데이비드의 밴드는 우리 집 거실에서 자주 연습했다. 다른 부모들이 집에서 연주하도록 허락하지 않았기 때문이다. 밴드 멤버들은 연주 연습을 하고 밖으로 나가 마리화나를 피우고는 아버지와 내가 만든 사우나에 들어갔다.

여동생은 10살에 말을 선물로 받았다. 우리가 이웃 목장에서 오십 달러를 주고 산 고집 센 말이었다. 여동생은 수천 년 전 빙하기에 깊게 팬 남쪽의 우묵한 땅에서 말을 타곤 했다. 나는 대학에 들어갔고, 데이비드는 내가 막 졸업한 고등학교에 다녔다.

캘거리는 오일 붐에 편승해 오래 살던 고향을 등지고 서부에서 새 삶을 개척하러 온 가족으로 북적였다. 자녀들은 고등학교 화장실에서 LSD를 하고 집 주방 스토브에 해시시를 굽고 물리 시간 전에 마리화나를 피웠다. 그러면 우주를 이해하는 데 도움이 된다고 믿어서였다. 그리고 데이비드는 이런 발견의 시대에 선봉에 서 있었다.

데이비드는 마리화나가 술보다 해롭지 않다거나 자기가 마리화나를 피워도 누구에게든 피해가 가지 않는다거나 북미 인구의 절반이 적어도 어느 한 시기에는 약에 취해 있다는 주장을 펼쳤고, 부모님은 듣다 지쳐서 거의 인정할 판이었다. 우리는 진보적인 집안이었고, 아버지는 마리화나를 피우는 대학생들을 가르치고 환경디자인학과 교수들이 자주 가던 산장에서 피워봤을 수도 있었다. 아버지가 산장에 다녀와서 마리화나 클립을 어떻게 쓰는지 설명한 적도 있기 때문이다.

그런데 아들이 마리화나 피우는 것을 마지못해 참아주는 것도, 데이비드가 위장 경찰에게 마리화나 0.45킬로그램을 팔다가 붙잡히면서 갑자기 끝났다. 똑똑하고 비싼 변호사가 데이비드를 겨우 꺼내줘서 한시름 놓긴 했지만, 이제는 단순히 취미이던 행동에 지워지지 않는 범죄의 낙인이 찍혀버렸다.

법적으로든 부모님의 관점으로든, 밴드 연습하다 마리화나를 피우는 것과 마약상으로 낙인찍히는 것은 전혀 다른 문제였다. 부모님은 데이비드의 다른 삶, 집에서와는 거리가 먼 삶을 갑작스럽고 고통스럽게 들여다보게 된 것이다.

래브라도 리트리버와 셰퍼드의 피가 섞인 우리 집 반려견 크림이 혼자서 죽으려고 한 적이 있다. 크림은 누구와도 산책을 나가는 성격 좋은 믹스견이었다. 어느 저녁에 아버지가 크림을 얼어붙은 점핑 파운드 크리크로 데려갔고, 크림은 얼음판에서 날쌔게 뛰어서 구멍에 빠져 물속으로 돌진했다. 아버지가 녀석을 꺼내주었지만 심한 관절염으로 걷지 못해서 아버지가 안고 돌아와야 했다. 그 무거운 개를 안고 오기에는 먼 거리였다.

그 뒤로 몇 주 동안 크림은 몸이 더 뻣뻣해지면서 움직임이 불편해졌고, 결국 절뚝거리며 집 뒤편의 숲으로 들어가 눈 속에 구덩이를 파서 죽으려고 누웠다. 우리는 눈밭에서 찾아 헤매다가 크림을 발견하고 집으로 데려왔다. 아직 살아 있을 때 까치나 코요테한테 공격을 당하고도 힘이 없어서 피하지 못한 건 아닌지 걱정스러웠다. 하지만 크림은 며칠 후 다시 집을 나갔다. 떠날 때를 안 것이다.

로마의 철학자 세네카는 현명한 사람은 살아야 할 만큼만 살지, 살 수 있을 때까지 살지 않는다고 했다. 동물들은 그때를 직감하지만, 인간들은 여전히 질보다 양을 택한다.

우리는 크림을 숲에서 다시 찾아내 시내의 한 동물병원으로 데려가 평안하게 무지개다리를 건너게 해주었다. 반려동물에게만 쓰이는 완곡한 표현이다. 여동생과 난 수십 년이 지나고도 가끔 꿈에서 녀석을 만나곤 한다.

그 공동체 마을에서 내가 또 일손을 거든 집은 화가의 집이었다. 그는 74살에 '갑자기' 죽었다. 자살이라고 들었다. 그는 재능 있는 화가였다. 우리 부모님은 그의 그림 한 점을 소유하고 있었다. 내가 좋아하던 우울한 풍경화인데, 며칠 전에 그 그림을 부모님의 새집에 걸었다.

우리 가족이 살았던 집들은 수학적 대칭을 이루었다. 와일드우드의 소박한 집부터 그 근처의 더 큰 땅에 더 크게 지은 집까지, 마침내 여기 수백만 평에 더 크게 지은 집까지. 부모님은 집을 점점 줄여갔다. 처음에는 시내의 큰 집으로 들어갔고, 다음에는 훨씬 작은 집으로 옮겼다. 부모님 세대가 대부분 이런 궤도를 그려가고 있었다. 여기 이 집은 부모님의 인생에서 전성기 시절의 집이다.

그날 밤 우리는 저녁을 먹으면서 데이비드 얘기를 나눴다. 어머니는 동생이 사라진 그 12월에, 아직 우리가 크리스마스에는 동생이 연락할 거라는 희망을 놓지 않던 때에 동생의 목소리를 들었다고 했다. 잠이 깨기 전 비몽사몽 간에 꿈을 꾼 건 아닌데, 동생이

'저 집에 안 돌아가요'라고 말하는 소리를 들었다는 것이다.

"그 애가 죽은 걸 알았어."

어머니는 데이비드가 평범한 삶을, 권태로운 낮의 시간과 사랑하지 않는 아내와 설레지 않는 일을, 남들에게는 익숙하지만, 그에게는 익숙하지 않은 삶을 원하지 않은 거라고 믿었다. 데이비드가 평생 거부하던 운명이 별안간 어렴풋이 다가온 것이라고 했다.

이튿날 나는 이삿짐 상자를 풀고 CD를 정리하다가 데이비드가 몸담았던 초기 밴드인 BOS(똥자루, 마리화나에 대한 사랑을 담은 이름)의 CD를 발견했다. 1978년이라는 연도가 찍혀 있었는데, 데이비드가 막 음악을 시작한 때였다.

그 CD를 틀어보았다. 블루그래스 곡들로, 리키 넬슨의 〈Hello Mary Lou〉를 커버한 곡과 데이비드가 작곡한 연주곡이 몇 곡 흘러나왔다. 소리가 탁하고 고르지 않았지만, 음악적 기교는 시원시원했다.

나는 그중에 데이비드의 밴조와 피아노 소리를 골라낼 수 있었다. 곡과 곡 사이에 데이비드의 목소리와 특유의 웃음소리가 들렸다. 묘하게 위로가 되면서도 조금 불안했다. 갑자기 집 안에서 데이비드의 존재가 느껴진 것이다. 녹음하는 데이비드가 눈에 선했다. 마리화나와 맥주 냄새가 나고 그 웃음소리가 들리고 모든 가능성이 공기 중에 떠돌던 시간에 그 순간을 사는 데이비드가 보였다.

"쟤가 웃는 소리를 들으니 좋구나, 얘야."

이튿날 밤에 나는 옛 친구들과 모여서 저녁을 먹었다. 예술계에 몸담고 있는 친구들이었다. 오랜 세월 우리를 정의하던 모든 것에 대한 갈망은 시들고 섹스에 대한 광적인 열정도 오래전에 가라앉았다. 내가 사랑한 사람들, 연애하던 사람들이었다. 이제는 다들 믿음직한 배우자와 함께 쭈그리고 앉아 있었다.

우리는 바람을 피우고 사소한 배신을 하고 긴 퍼레이드 같은 호시절을 보냈지만, 다들 저마다의 모습으로 살아냈다. 이것이 예술의 힘이다. 기억에 관해서라면 모두가 예술가다.

우리는 자살에 관해 이야기했지만 다른 맥락에서였다. 몇몇은 부모님의 죽음을 연장하면서 자기네 삶의 질이 떨어졌다고 했다. 어떻게 퇴장할 것인가. 다들 삶의 질이 떨어질 대로 떨어지면 생을 끝낼 거라고 입을 모았다. 몇몇은 멕시코에서 장비를 구해 오겠다고 했다. 멕시코의 반려동물 전문 약국에서 넴뷰탈, 곧 '죽음의 약병'을 파는데 자살 관광객들이 많이 찾는다고 했다.

한 친구는 할아버지가 치매로 고생하다 돌아가시는 동안 힘들어하던 아버지가 그에게 이렇게 말했다고 했다.

"내 걱정은 마라. 난 진 한 병이랑 수면제 한 통을 털어 넣을 테니."

그의 아버지는 때가 오면 이 두 가지를 털어 넣고 훌쩍 떠나려고 했지만 결국 그러지 못했다. 어느 밤에는 진이 가득 든 봉지를 들고 집에 들어오다가 발을 헛디뎌 넘어지는 바람에 술병이 다 깨지고 다치기도 했다. 어쩔 수 없이 병원에서 요양원으로 옮겼고, 거기서는 치매가 더 심해졌다.

얄궂게도 알코올 의존증인 건 잊어도 자주 마시는 술(비피터 진에 올리브 두 개를 얹은 마티니)은 기억하고, 식당에 가면 꼭 그 술을 주문하고는 마시는 걸 잊어버렸다. 평생의 습관이 점점 무뎌지고 고통 없이 사라져버린 것이다. 하지만 삶에서 사라지는 시간은 미뤄졌다. 그러니 어려운 문제다.

스스로 목숨을 끊을 만큼 정신이 온전할 때는 살아서 마지막 순간까지 버티고 싶고 술을 한 잔 더 마시고 싶을 수 있다. 그러다 더 오래 머무르면서 더는 스스로 삶을 끝내는 결정은커녕 무엇도 결정하지 못하는 순간이 온다.

그러면 그런 결정은 누구에게 맡겨야 할까? 어디까지 가서 그런 결정을 내려야 할까? 자신을 위해서일까? 사랑하는 사람들을 위해서일까? 또 양쪽 모두에게 동일한 기한을 적용할 수 있을까?

한 친구는 화장실에 혼자 가지 못하는 순간을 한계로 정해놓았다고 했다. 모두가 각자의 한계를 정했다. 눈이 보이지 않는다면, 합리적으로 판단하지 못한다면, 거동이 힘들다면, 와인 한 잔을 즐길 수 없다면.

그 자리에서 가장 어린 타냐는 이렇게 말했다.

"내가 대신 결정해줄게. 당신네들 삶에서 가장 행복한 시간을 만들어주고는, 탕."

양쪽 모두에게 무리한 요구다. 남자들이 합창하듯 말했다.

"우리랑 자준다는 거야?"

"그건 계약서에서 뺄게."

"그러면 그냥 죽여줘."

"준비가 된 건 어떻게 알지? 이틀 연속으로 열쇠를 잃어버리면 끝장난 건가?"

누군가 어깨를 으쓱였다.

"난 알 거야."

플라톤은 자살은 정신을 육체에서 꺼내주므로 죄라고 보았다.

애초에 신들이 처벌의 형태로 정신을 우리 몸속에 집어넣은 것이 기 때문이다. 신들이 정말 그런 것 같은 때가 있다. 하지만 플라톤은 몇 가지 예외를 두었다. 그중에 "극단적이고 불가피한 개인의 불행으로 자살하지 않을 수 없는" 시기가 있다.

누구나 불가피하게 개인적인 불행을 겪는다. 누군들 아니겠는가. 하지만 불행의 범주는 광범위하다. 우리의 느슨하고 술의 힘을 빌린 치명적인 계획은 때로는 그 너머가 내다보이는 불행이 아니라 그 너머가 좀처럼 보이지 않는 질병이나 무능력과 더 관련 있다.

아툴 가완디는 《어떻게 죽을 것인가: 현대 의학이 놓치고 있는 삶의 마지막 순간》이라는 책에서 이렇게 말한다.

몸에 덩굴이 타고 오르듯 서서히 쇠약해진다. 하루하루 변화가 느껴지지 않을 수 있다. 서서히 적응해간다. 그러다 어느 순간을 계기로 더는 예전 같지 않다는 사실이 선명해진다.

가완디는 노년과 병약함에 관해 말하지만, 중년에도 적용할 수 있고 내 동생의 자살에도 적용할 수 있다. 동생은 집도 있고 친구도 있고 음악 외에는 최선이라 할 만한 직장도 구했다. 새로운 출발이면서도 구석에 몰린 느낌이 들었을 것이다. 선택의 길은 있었다. 이혼을 하든 빚을 지든 심리치료사를 만나든.

하지만 동생의 친구 말로는 동생은 어디다 도움을 구하는 부류가 아니었다. 동생이 보았을 미래는 그런 게 아니었다. 동생이 본 미래는 어둡고 변하지 않을 모습이었다.

데이비드와 함께 밴드를 하던 피트라는 친구는 내게 이렇게 말했다.

"제가 확실히 아는 거 하나는, 데이비드가 늙어가는 걸 두려워했다는 겁니다."

피트는 이미 몇 가지 심각한 건강 문제를 겪고 있었다.

"제 처지로 보면 데이비드는 아마 어느 하나도 참아내지 못했을 거예요. 늙어가는 건 힘들지만 데이비드는 쉽게 주어지지 않는 건 굳이 하고 싶어 하지 않았어요."

음악은 손쉽게 주어졌다. 아주 쉬웠을 것이다. 데이비드는 까다로운 선생 밑에서 매일 몇 시간씩 피아노를 치지 않았다. 그냥 새 악기를 집어 들고 큰 노력 없이 악기의 비밀을 풀어냈다. 밴조, 기타, 베이스기타, 만돌린, 하모니카, 덜시머 같은 특이한 악기까지. 에밀 졸라의 말처럼 예술가는 재능이 없으면 가치가 없지만, 재능이 있어도 노력하지 않으면 소용없다.

일 년 전에 심장마비로 갑자기 세상을 떠난 친구의 장례식에 참석하기 위해 캘거리로 돌아갔다. 리처드는 극장에 소속된 작곡가이자 사운드 디자이너였다. 우리는 고작 몇 시간 간격으로 태어난 동갑으로, 해마다 생일에 이메일을 주고받으며 서로의 건강과 인생, 관계를 평가했다.

"담배를 꼭 끊어야겠어."

그가 쉰일곱 번째 생일에 이메일로 보내온 말이다.

쉰아홉 번째 생일에는 사는 게 참 좋다고 했다. 최근에 오래 만난 멕시코의 유명 여배우와 결혼하고, 멕시코시티 집 수영장에서 둘이 손잡은 채 뒤로 넘어가는 사진을 보내왔다. 그는 몇 가지 자잘한 건강 문제, 즉 치과 질환이나 약간의 요통을 달고 있었다. 몇 년은 병원에 갈 일이 없다가 결장경 검사를 받을까 생각하고 있었다.

그러다 예순 번째 생일이 지나고 몇 주 후 갑작스럽게 극심한 흉통을 일으켰다. 911과 통화하는 도중에 쓰러진 것이다. 다행히 집 전화로 걸어서 주소 추적이 가능했고, 긴급의료원이 문을 따고 들어왔다. 의사와 긴급의료원들이 몇 시간이나 그에게 매달려 겨우 맥박을 잡았다가 놓쳤다. 그러곤 그는 세상을 떠났다.

나는 장례식에 참석하러 캘거리로 날아가서 그쪽 사람들의 위로를 구했다. 친구와 친척 수백 명이 그가 생전에 일하던 시내의 한 극장에 모였다. 장례식이 끝나고 밤을 지새우기 위해 리처드가 쓰러진 집으로 십 년 동안 못 본 친구와 함께 차를 타고 갔다.

우리는 날이 어두워지는 동안 저녁의 교통체증을 뚫고 서서히 움직였고, 친구는 내게 자신의 우울증에 관해 털어놓았다. 구체적인 무언가로 인해, 결혼이나 돈 또는 일 때문에 우울한 것 같지는 않다고 했다. 그보다 더 음침한 무언가, 이제 막 형성되기 시작한 구름 같은 게 자기를 에워싼 것 같다고 했다.

그는 자신의 판단력을 믿지 못했다. 차고 문을 닫아놓은 채 차에 타서 시동을 걸기도 하고, 의식이 흐린 채로 발견되어 응급실로 실려 가기도 했다. 이제는 건강을 회복해서 조심스럽게 회사도 운영하면서 잘 지낸다고 했다.

그날 경야에 다들 술을 마시고 울며불며 한데 어울렸다. 리처드와 난 동시에 한 여자를 사랑했는데, 이상하게도 그 일로 서로 멀어지지 않고 더 가까워졌다. 물론 그러는 사이 몇 번 부딪힌 적은 있다. 우리의 스물다섯 번째 생일에 리처드가 내게 술병의 목부분에 리본을 묶고 귀걸이를 단 스카치위스키를 한 병 사주었다. 스카치위스키를 다 마시고 내 귀를 뚫어줄 계획이라고 했다. 그는 이미 귀걸이를 몇 개 하고 있었다. 우리는 스카치위스키를 다 마셨지만 내 귀는 무사했다. 내게는 넘기 힘든 벽이었다.

부모님 집 소파에서 선잠을 자다가 혼란스럽고 오싹한 꿈을 꾸었다. 새벽 5시가 조금 지나 동이 틀 무렵 잠에서 깼다. 데이비드의 추도집이 테이블에 놓여 있었다. 나 보라고 어머니가 갖다 놓은 것이다. 추도집을 본 건 처음이다.

책을 펼치자 데이비드가 첩첩산중 오하라호의 애벗 패스 정상에 서 있는 사진이 나왔다. 선글라스를 쓰고 마리화나를 피우며 얄궂게도 조그만 유니언잭 깃발을 들고 있었다. 에드먼드 힐러리*가 에베레스트 정상에 오를 때 들었던 깃발이다. 1974년에 찍힌 사진 속의 데이비드는 머리를 어깨 아래로 길게 기르고 있었다. 그래서 일하던 산장에서 데이비드의 별명은 공주였다. 데이비드의 친구 하나가 이렇게 써놓았다.

데이비드는 순간을 살고 싶어 한 친구다.

월트 휘트먼의 〈앞뜰의 라일락꽃이 필 때〉라는 시에서 인용한 문구였다. 에이브러햄 링컨에게 바치는 시이지만 내 동생에게 섬뜩하게 들어맞았다.

———

* 에베레스트에 최초로 오른 뉴질랜드인 산악인.

나는 말없이 숨겨주고 품어주는 밤으로,

저 아래 호숫가로 달아났다.

노트북을 열고 구글 어스에 접속해 데이비드가 살던 화이트호스의 집 주소를 넣었다. 바로 그 집이 나왔다. 여름이고 이루 말할 수 없이 푸르렀다. 카메라 왜곡으로 파란 하늘에 구름이 활짝 펼쳐지는 듯 보였다.

나는 동생의 집에서 텅 빈 도로를 따라가 보았다. 마우스를 클릭할 때마다 순식간에 그 길을 따라 더 멀리 내려갔다. 위성 모드로 바꾸자 화면이 멀리 물러나면서 지붕들이 보이고 마침내 우주에서 보이는 흑백의 격자무늬만 추상화처럼 보였다. 데이비드의 집과 마시호 다리 사이가 몇 센티미터밖에 되지 않았다.

저녁에 토론토 집으로 돌아가는 비행기에서 삼류 영화를 보며 플라스틱 컵에 와인을 마셨다. 내 영화 취향은 고도가 1피트(약 30센티미터)씩 올라갈 때마다 수준이 떨어졌다. 비행기만 타면 평소 영화관은 물론 텔레비전에서조차 보지 않을 영화를 나름 재미있게 본다.

폭탄이 터지는 영화든, 감상적인 애정 영화든, 제리 루이스를 키르케고르로 보이게 만드는 코미디 영화든 상관없다. 다들 작품 활동을 계속하면서 내게 이 높은 곳에서 몇 시간 버티는 데 필요한 위안을 주기만 한다면.

노래는 변함없이

어릴 때는 10월이면 눈이 내리고 날씨가 험해져서 핼러윈 의상을 겨울 외투에 감쪽같이 감출 수 있었다. 위니펙은 겨울이고 북미에서 가장 추운 도시였다. 1월에는 라디오에서 화성보다 더 춥다는 보도가 나오곤 했다.

동생과 난 눈으로 집을 지었지만, 그저 짓는 데 의의가 있는 집이었다. 대공황 시대에 실업자를 위한 건설 사업처럼. 어설픈 이글루를 만들면 그냥 안에 들어가 웅크리고 앉아 있었다. 그러면 더 추워지고 이내 지루해졌다.

지루함은 동생의 어린 시절에 큰 적이었다.

"할 게 없어."

동생이 집이나 차에서 줄기차게 투덜대며 하는 말이었다. 동생이 산만해지면서 부스럭거리면 부모님은 우리를 밖으로 내보내서 동네 한 바퀴를 돌고 오라고 했다. 우리는 동네를 어슬렁거리며 뭔가 신나는 일을 찾거나 월드우드 클럽Wildewood Club(영국식 과장으로 'wild' 뒤에 'e'가 붙었다)에 가서 입구의 골판지 게시판 글자를 바꿔놓았다.

여성 배드민턴 클럽 칵테일파티Cocktail party for Ladies Badminton Club라
는 공지가 붙어 있으면 '오후 5시 나쁜 여자들과 수컷들Bad Ladies and
Cocks 5pm'이라고 바꿔놓는 식이었다. 데이비드가 망을 보면 나는 우
리의 아드레날린이 솟구치게 할 만한 사악한 문구를 떠올려 글자
를 조합했다.

학교에서는 따분하게 시를 암송하거나 구구단을 외웠고, 교사
들은 엄격하고 나이가 많았다. 데이비드는 내 뒤를 이어서 삼 년
더 나이 들고 삼 년 더 엄격해진 학교생활을 물려받았다. 주일학교
에서 우리는 구약성서의 순서를 외우고 "그리하여 주께서 계신 곳
에서 사탄이 나왔고…" 같은 아리송한 구절을 소리 내어 읽었다.
하지만 그곳은 연합교회로, 교리문답 시간이 짧은 교회였다. 우리
의 주일학교 교사인 키 크고 신앙심이 별로 없는 남자는 언젠가
칠판에 이렇게 적었다.

'타이거 캣츠/라이온스.'

미식축구 그레이컵을 놓고 팽팽하게 경쟁하던 라이벌 팀들이
다. 남자 교사는 두 팀의 상대 전력을 살펴보며 하나님이 어디를
응원할 것 같은지 물었다. 다들 어리둥절하며 침묵이 흐르자 그
가 답했다.

"라이온스야. 우리처럼 하나님 나라가 있는 서쪽 팀이니까."

교회는 주일학교보다 더 따분했다. 우리는 가끔 딱딱한 신도석
에 앉아 음정도 맞지 않게 찬송가를 부르며 시간을 보냈다. 영국의
형이상학파 시인 존 던은 자살이 이번 생의 권태를 끊고 다음 생의
기쁨을 더 빨리 맞기 위한 한 방법일 수 있다고 했다. 하지만 우리

는 사후세계에 관심이 없었고, 다른 신자들에겐 더더욱 관심이 없었다. 지상에서 그들의 삶이 윙윙 지나갈 뿐이었다.

우리는 사람 좋은 삼촌의 권유로 얼마 가지 못할 취미 활동을 시작했다. 우표 수집("너희 수집품이 너희와 함께 자라는 걸 보거라!")과 수석 수집("평생 돌 수집가가 되거라!")이다.

그리고 우리 집에는 아버지의 동료에게 물려받은 거대하고 놀랍도록 정교한 기차 모형 세트가 있었다. 기관차에서 증기가 나오게 하는 용액 같은 것도 있었다. 아버지가 합판으로 플랫폼을, 우리도 함께 기차를 위한 미니어처 세상을 만들었다. 합판에 초록색과 파란색을 칠해서 잔디와 호수까지 만들고 나서 우리는 기차가 처음으로 긴 트랙을 타고 모퉁이를 돌며 주황색 플라스틱 가대로 인한 경사를 힘겹게 올라가는 걸 구경했다.

그런데 얼마 안 가서 한계 효용 체감의 법칙이 작동하기 시작했다. 이게 다 뭐 하는 짓이지? 기차는 효율적이고 평온하게 달렸다. 우리는 트랙에 장난감 병정들을 늘어놓고 기차에 깔리게 해봤지만, 기차는 그냥 밀고 지나갔다. 눈 집을 지을 때처럼 재미는 만드는 과정에만 있었다. 일단 만들고 나면 실망스러웠다.

사람들은 직장, 저녁 모임, 첫 데이트, 실험적인 연극에 관해 말할 때 지루해서 죽을 것 같다고 한다. 정신과 의사들은 이런 특징을 기술하는 임상적 범주를 개발했다. 정신 역동적 권태(자기가 원하는 게 뭔지 모른다), 주의력 문제(자기가 원하는 것에 집중하지 못한다), 최적의 상태에 못 미치는 각성 상태(현재보다 더 큰 자극을 갈망한다), 실존의 문제(인생은 무의미하다), 해리 장애(세상과 동떨어진 기분을 느낀다). 데이비드는 이 중에서 몇 가지에 해당했을 수 있지만 적어도 한 가지나 그 이상에 해당하는 사람이 많을 것이다.

데이비드에게 음악은 권태의 치료제였다. 데이비드는 어릴 때 내내 지루해했고 어른이 되어서도 끝내 권태를 떨쳐내지 못했다. 우리가 피아노 시간에 연주한 음악은, 음계와 연습과 거슬리고 낯선 곡들은 음악이 아니었다. 수학에 더 가까웠다. 딱히 관심도 없는 결과를 내기 위해 거쳐야 하는 하나의 과정이었다.

진짜 음악은 라디오에서 나왔다. 우리는 밤에 침대에 누워서 머리맡에 트랜지스터라디오를 켜놓고 한쪽 귀에 이어폰을 꽂은 다음 CKRC를 들었다. 우리 형제가 쓰던 방은 거울상처럼 양쪽이 똑같은 대칭 구조로, 양옆에 침대가 하나씩 있고 중앙에 책상 두 개가 나란히 놓여 있었다.

1960년대의 최고 인기 음악 40위에는 다른 장르들이 혼재되어 있었고, 우리는 불 꺼진 방에 누워 원하는 곡이 나오기를 기다리며 다른 곡들은 싫어했다. 도어스의 〈Touch Me〉, 리피 리의 〈Little Arrows〉에 이어 비틀스가 나올 수도 있었다.

새미 데이비스가 노래한 〈The Candy Man〉에는 밴드 창단 멤버들의 불행한 흔적이 남아 있었고, 특이한 곡도 가끔 나왔다. 앤디 윌리엄스의 〈Battle Hymn of the Republic〉도. 문화가 아직 자기와 전쟁을 치르는 중이었고, 음악은 가장 치열한 전장이었다.

음악은 그 자체로도 매력적이었다. 하지만 〈Penny Lane〉과 〈Strawberry Fields〉가 연속으로 흘러나오고 폴 매카트니와 존 레넌의 어린 시절을 두 곡에 얼마나 잘 담았는지 DJ가 얘기해주자 데이비드와 나를 포함한 우리 도시의 다른 아이들도 같은 시간에 같은 곡을 듣고 있다는 사실을 깨달은 경험 또한 음악이 주는 매력이었다.

다른 도시에서도 수백만 명 이상이 말쑥한 DJ들이 틀어주는 똑같은 곡을 듣는 것이다. 우리는 더 큰 공동체의 일원이었다. 그 나이에는 정의할 수 없었지만, 그 존재를 느낄 수는 있었다. 음악은 단지 우리를 외부 세계하고만 연결해준 게 아니라 사춘기 자아의 미개척지와도 연결해주었다.

가끔은 자전거를 타고 비틀스 카드가 들어 있는 풍선껌을 사기 위해 멀리 링거스 약국까지 가기도 했다. 포토 카드 앞면에는 비틀스의 한 멤버나 둘 이상이 있을 수 있고 뒷면에는 질문과 답변이 적혀 있었다.

질문: "슬프면 어떤 기분이 드는지 기억하나요?"
조지: "우리가 꽤 자주 슬퍼진다고 말할 때, 모든 소년을 대변해서 하는 말입니다."

당시 친구들 사이에서는 좋아하는 비틀스 멤버를 밝혀야 한다는 압박이 있었다. 나는 물론 폴을 피하고 신비로운 조지에 정착했다. 데이비드는 존을 택했다. 우리는 비틀스 카드를 사고 45s의 음악을 들었고, 데이비드는 비틀스처럼 머리를 잘랐다.

우리는 토요일마다 예술학교에 갔는데, 어느 날 한 아이가 비틀스 가발을 쓰고 교실에 나타나자 순간 비틀스 마니아 경쟁에서도 너무 멀리 나갔다고 생각했다. 그 아이도 알았는지 수업이 끝나기도 전에 가발을 쓰레기통에 던져버렸다. 가발은 그 안에 죽은 까마귀처럼 놓여 있었다.

FM 라디오가 개국하면서 나는 고요한 심야의 FM 분위기에 매료되었다. 몽키즈와 터틀스의 쨍한 소리에서 관심이 멀어져갔다. 거실 바닥에 누워 도어스를, 짐 모리슨이 심오한 무언가에 관해 읊조리는 소리를 들었다. 어머니는 나의 편협한 레코드 컬렉션을 보고는 이렇게 말했다.

"다들 왜 더 괜찮은 이름을 짓지 못하는지 모르겠다. 게다가 저 사람은 음정도 안 맞잖니."

데이비드는 피아노 앞에 앉아 라디오에서 방금 흘러나온, 롤링 스톤스나 애니멀스 같은 곡의 음을 순식간에 딸 수 있었다. 동생은 취향을 조금 더 넓혔고, 스코트 조플린이 음을 늘리거나 찢으며 부르는 12바 블루스(블루스 형식)를 연주했다. 나중에는 톰 웨이츠의 곡을 치면서 걸걸한 목소리로 노래를 불렀다.

나는 피아노를 일찍 그만둔 걸 후회한 적이 별로 없고, 데이비드가 쇼팽의 〈야상곡〉을 연습해도 그 마음은 바뀌지 않았다. 그런데 동생이 〈Let's Spend the Night Together〉의 익숙하고 신나는 화음을 연주하자 곧바로 피아노의 잠재력을 깨닫고 내 재능 부족을 새삼 한탄했다.

자살에 관해서는 음악가의 사정이 작가보다 크게 나을 것도 없었다. 시드니대학 연구자들은 1950년과 2014년 사이에 사망한 음악가 1만 3,195명을 조사했다. 이 연구에서 음악가의 기대 수명이 일반 인구보다 무려 이십오 년이나 짧고 자살률은 세 배 높은 것으로 드러났다.

이제 사회학의 구호는 섹스, 마약, 로큰롤이 아니라 섹스, 마약, 사회 복귀 실패, 고통, 조기 사망이 되었다. 생계를 유지하는 것도 힘들지만 음악가로 어느 정도 성공했다고 해서 사정이 나을 것도 없다. 웬만큼 이름을 알린 음악가의 평균 사망 연령은 북미는 45.2세, 유럽은 39.6세였다. 나름 철저한 조사에서 나온 결과이지만 현실적으로 어떤 결론도 내지 못했다.

우리는 이런 결과의 잠재 원인을 추정할 수 있을 뿐이다. … 직업군으로서 유명 음악가는 예측하기 어려운 작업 현장과 개인의 타고난 취약성에 쉽게 영향을 받는다.

음악가의 작업 현장이 예측 불가능하다고 말하는 이유는 마약과 술이 넘쳐나는 공간일 뿐 아니라 사람들이 음악가에게 마약과 술을 권하는 공간에서 연주하기 때문이다. 개인의 타고난 취약성을 정의하는 것은 더 어렵고, 더욱이 데이비드는 자신의 취약성을 교묘히 잘 숨기며 살았다.

음악가의 사망률을 장르별로 조사한 연구에 따르면, 힙합, 랩, 메탈, 펑크 음악가의 위험이 가장 크고 특히 메탈 장르의 자살률이 가장 높았다. 무려 19.3퍼센트인데 이 수치는 밴드 하나에 한 명꼴로 자살한다는 뜻이다. 얄궂게도 음악가의 수명이 가장 긴 장르는 블루스였다. 그 모든 슬픔을 노래하면서 카타르시스를 경험했을지 모른다. 작가 이자크 디네센은 모든 슬픔을 하나의 이야기에 집어넣으면 그 슬픔을 견딜 수 있을 거라고 했다.

데이비드의 옛 밴드 멤버는 내게 이렇게 말했다.

"데이비드와 음악의 관계는 걱정할 것 없는 그런 관계였어요. 음악은 그 친구가 남들보다 훨씬 잘하는 거였거든요. 더 유명해지고 더 잘할 수도 있었지만 그러려면 정말 열심히 해야 해요. 그런데 데이비드는 항상 쉽게 가는 걸 좋아했어요. 그러다 술과 마약이 그 친구 인생에서 음악 대신에 진실한 관계를 형성한 것 같아요.

그 친구가 무엇에 직면해 있는지 생각하면 아무리 약에 취해도 줄어들지 않는 부담이었을 거예요. 새로 구한 정규직 일자리, 더는 직업으로 연주하지 못하게 된 상황, 캐서린을 기쁘게 해주기 위해 멀쩡한 정신으로 살아야 하는 처지, 나이를 먹어가는 현실 등. 그 친구가 원한 건 25살의 잘나가는 음악가로 밤새 파티를 하고 여자들에게 매력을 발산하고 남자들을 웃게 하는 삶이었을 거예요. 음악은 그렇게 살게 해주었고, 평생 떼려야 뗄 수 없는 관계였죠."

음악과 마약이 행복하게 공존하던 긴 시간이 존재했다. 북미 전역에서 아이들이 약에 취하고 음악을 듣고 제스로 툴의 가사에서 멀쩡한 정신으로는 모르던 어떤 깊이를 발견했다. 데이비드는 약에 취해 헤드폰을 쓰고 데이비드 보위의 〈Suffragettte City〉를 들으며 한쪽 헤드폰에서 다른 쪽 헤드폰으로 코드가 넘어가며 마리화나에 푹 젖은 그의 뇌를 통과하는 순간을 기다렸다. 마약은 그레이트풀 데드, 예스, 핑크 플로이드를 듣는 데 중요한 요소였고 에머슨 레이크 앤 파머를 듣는 데는 필수 조건이었다.

결국엔 마약과 음악보다 더 끈질기게 관계를 유지했고, 아마 김빠진 결혼 생활처럼 되었을 것이다. 데이비드는 캘거리로 돌아와 옛 친구들과 즉흥 공연을 자주 했는데, 그중 한 친구는 데이비드가 연주보다는 약에 취하는 데 더 관심이 많았던 것 같다고 했다.

온타리오주 궬프대학 철학과 존 루손 교수는 권태를 음악에 비유해서 분석했다. 음악을 경험하려면, 선율을 들으려면, 어떤 음을 듣든 앞서 들은 음을 계속 유지할 수 있어야 한다. 루손은 이렇게 적었다.

모든 경험은 이처럼 아름다운 선율과 좋은 화음, 리드미컬한 흐름 같은 것을 유지한다. 그렇게 한순간이 앞선 순간에서 나와서 다음 순간으로 녹아들어 계속 선율이 흐르는 것이다.

그런데 자살하는 사람은 선율을 듣는 게 아니라 하나의 동떨어진 음만 듣는다. 앞선 음의 맥락을 파악하고 뒤이어 나오는 음을 예상하지 못한다면 현재의 음은 즐거움이나 의미가 없는 듣기 싫은 소리가 될 뿐이다.

순전한 일상의 무게를 느끼는 사람이 많다. 키르케고르는 권태란 절망에 빠져 자기 자신이 되기를 거부하는 상태라면서 모든 악의 근원이라고 보았다. 그는 1855년에 세상을 떠났다. 권태의 시대가 본격적으로 시작하기 한 세기도 전이고, 컴퓨터 게임이 나오기도 전이고, 오백 가지 채널과 인터넷이 생기기도 전이고, 자극의 가능성이 무한해지기도 전이다. 각종 기술로 인해 권태의 위력과 복잡성만 부각될 뿐이다.

무한한 이미지, 소음, 섹스, 마약은 권태를 일시적으로 덜어줄지는 몰라도 권태 자체를 없애주지는 못한다. 연구에 따르면, 사람들과의 만남이 잦을수록 외로움은 줄어들지만, 온라인 소통이 늘면 외로움도 느끼는 것으로 나타났다. 소셜미디어는 이름만 소셜(사회적)일 수 있다.

연구에 따르면, 자살하는 사람은 시간을 다르게 체험하는 것으로 나타났다. 미래를 두려워하고 불행한 과거를 돌아보고 싶어 하지 않으며, 결국 끝없이 우울한 현재의 수렁에서 허우적댄다. 자살하는 사람은 권태에 빠진 사람처럼 시간을 본다. 시간을 천천히 흐르고, 숨 막힐 것만 같고, 심지어 사악하기까지 한 냉혹한 존재로 이해한다.

임상에서 권태는 '본질이 없는 경험'으로 정의한다. 보통은 버스를 기다리는데 읽을거리가 없는 정도의 경험이 될 수 있지만 자살하는 사람은 인생 자체에 적용한다. 철학자 세네카는 스스로 목숨을 끊으면서 이렇게 말했다.

똑같은 일들이 얼마나 오래 지속될까? 물론 나는 하품하고 자고 먹고 목말라하고 추위를 느끼고 더위를 느낄 것이다. … 그래도 모든 것이 제자리를 맴돈다면? 밤이 낮을 이기고, 낮이 밤을 이기고, 겨울이 가을을 누르고, 다시 봄에 잡힌다. 모든 것이 지나가고 다시 돌아올 것이다. 새로이 할 일도 없고 새로이 볼 것도 없다. … 고통스럽지는 않아도 텅 빈 삶에 심판을 내리는 사람이 많다.

데이비드도 이런 경우가 아니었을까. 끝내 채워지지 않을 공허감에 걸려 넘어진 것이다. 담배와 술이 지겨워서 끊으면 다시 따분해진다. 이 여자 저 여자와 자는 것도 지겨워지고 결혼 생활 또한 지겨워진다.

권태는 하루하루가 단조롭게 대본을 읽는 것 같은 따분한 미래를 생생하게 상상하는 것이라고 정의할 수 있다. 어느 날 문득 데이비드 앞에 삶이 사무엘 베케트의 부조리극처럼 펼쳐진 것이다.

음악도 마약도 권태로부터 도피하기 위한 수단이었지만, 도피는 데이비드의 삶에서 평생 지속된 주제였다. 데이비드가 10살 때 사촌과 내가 침대보를 연결해서 데이비드를 창밖으로 내려준 경험은 이후 수많은 도피 중 첫 번째였을 뿐이다.

데이비드는 결혼에서 도망치고 도시에서 도망치고 가족에게서 도망쳤다. 무대에 올라 현실을 보류하거나 적어도 현실을 일시적으로 막기 위한 방어벽을 만들었다. 마약과 술은 도피 수단이었다. 데이비드는 애너 메이라는 결코 도망치고 싶지 않았던 여자에게서도 도망쳐버렸다. 습관이었다.

쇼펜하우어는 권태를 행복의 적으로 보았다.

삶(우리의 존재의 본질에 대한 갈망)에 긍정적인 내재적 가치가 있다면 권태만 한 것도 없을 것이다. 존재하는 것만으로도 만족하므로 아무 것도 원하지 않아야 한다.

하지만 우리는 원한다. 갈망은 인간 조건이다. 사람들은 무언가를 원한다. 더 크고, 더 똑똑하고, 더 젊고, 더 부유하기를 원한다. 사랑받고 싶고 악기를 잘 다루고 싶고 외국어를 배우고 싶어 한다. 바람을 피우면서도 결혼은 지키고 싶어 한다. 모순되고 극적이고 안도감을 주는 삶의 조건을 원한다. 우리 중 누군가는 이런 모순과 화해하지 못한다.

다시 그 강으로

나는 크리스마스에 위니펙으로 돌아왔다. 예전에 우리가 살던 동네에 있는 여동생 집에서 모여 온 가족이 크리스마스를 보내기로 했다.

쌀쌀한 오후에 두 아이를 데리고 썰매를 끌면서 레드강을 따라 걸었다. 강은 얼어붙었고, 땅에는 30센티미터쯤 눈이 쌓여 있었다. 어린 내가 놀던 때의 신비롭고 나무가 빽빽하던 숲이 이제는 급격히 줄어서 잘 정돈된 빈터가 되어 있었다.

시에서 매년 떼 지어 올라오는 모기를 없애려고 살충제를 마구 뿌려댄 터였다. 우리가 방역차라고 부르던 장비가 달린 낡은 트럭이 유독한 DDT의 자욱한 흔적을 남기며 동네를 누볐다. 우리는 산소통이 달리지 않은, 2차 세계대전에 지급된 빈티지 방독면을 쓰고 트럭을 쫓아가며 각종 발암 물질을 신나게 들이마셨다. 그때는 그렇게 위험해 보이지 않았다.

지금은 몹시 위험하게 느껴진다. 13살과 9살 난 자식들은 유년기의 연약함이 사라진 지 오래지만, 그 자리에 새로운 무언가가 들어섰다. 세계는 나날이 빠르고 복잡해지고 내가 어렸을 때는 존재하지도 않았던 공포로 분열되었다. 어린 시절의 마니교 같은 이원론적 갈등(민주주의 대 러시아)이 이제 부활했다.

오큰월드초등학교에는 핵전쟁 민방위훈련을 위한 특별한 종이 있었다. 종이 울리면 우리는 복도로 나가 벽에 붙어서 책상다리로 앉아 머리를 무릎 사이에 숙여야 했다. 오 분간 머리를 숙여야 했는데 처음 몇 분은 팽팽한 긴장감이 돌았지만, 나중에는 그냥 불편하기만 했다.

언젠가 무심코 고개를 들어보니 날염 원피스 차림의 무신경한 우리 담임이 핵전쟁으로 죽을 날이 다가오는데도 심드렁하게 먼 산을 쳐다보고 있었다. 우리한테는 위니펙이 대륙의 한복판에 있어서 흐루쇼프가 우리를 먼저 칠 것 같다고 말한 터였다. 학교 운동장의 물리학 박사는 폭탄이 터질 때 숨을 참으면 최악은 면할 거라고 했다.

현재 러시아에 다시 호전적인 지도자가 나타났지만, 세계적으로 여남은 명의 광적인 지도자가 옆에 버티고 있다. 9개국에 1만 6,000기 이상의 핵무기가 분포되어 있다. 미국에서는 실패한 개발업자가 사춘기 같은 어수선한 자아로 핵 단추를 만지작거리고, 운명의 날의 시계는 자정 이 분 전으로 맞춰져 있다. 경제가 넘어가고, 기후가 변하고 있다. 실업의 시대, 무관심의 시대, 포르노그래피의 시대다. 그래서 걱정이다.

그해 크리스마스에 우리는 1950년의 대홍수 이후 동네를 보호하기 위해 쌓은 둑에서 썰매를 탔다. 험하지는 않은 코스였다. 어릴 때는 어른들이 매년 지역 클럽회관부터 레드강까지 이어지는 썰매 코스를 만들었다. 비스듬히 돌아가는 대회전 구간도 있었다.

어느 해에는 그 코스가 얼음판이 되었다. 누구네 아빠가 호스로 물을 뿌린 것이다. 나는 겁도 없이 스케이트를 신고 그 코스로 내려가다가 둑에 부딪혀 붕 떠서 눈밭에 화살처럼 내리꽂혔다. 남들도 내 뒤를 따르더니 급기야 누구 하나가 된통 다쳤다. 새로운 게임이 만들어지는 일반적인 절차로 평온한 시기에 굳이 위험을 만들려는 본능적 욕구에서 비롯한다.

추운 날, 우리 집 아이들은 의무적으로, 그러면서도 행복하게 언덕을 타고 내려갔다. 두 녀석 모두 쾌활해서 참 다행이다. 기쁨을 느낄 줄 아는 능력, 갈수록 소중하게 느껴지는 자질이다. 두 아이의 행복한 얼굴.

어쩌면 사회학자들 말이 맞는지도 모른다. 우리 자식들 세대에는 기대치가 낮아지는지 모르겠다. 두 아이 중 누구도 평생 직업을 기대하지 않는다. 평생 직업을 원하는 사람도 적다. 우리 아이들은 세상사에 우리와 같은 정도로 애착을 갖지 않는다.

친구들의 부모들 가운데 절반이 이혼을 했다. 우리와 같은 사회 제도를 유지하지도 않는다. 종교는 관념이고, 텔레비전은 이미 아이들의 삶에서 멀어져 요즘은 컴퓨터로 스트리밍되는 프로그램을 본다. 모든 것의 유통기한이 짧아졌다. 기술도, 문화 추세도, 음악 활동도, 결혼도. 내 자식들은 나중에 자라서 무엇에 향수를 느낄지 궁금하다.

해가 이미 낮게 걸려 있었다. 서쪽 하늘이 희부옇고 겨울 오후의 하늘이 잔뜩 찌푸렸다. 돌아가는 길에 우리는 어릴 때 하키를 하던 아이스링크를 지나갔다. 기억 속의 그곳처럼 사람이 많을 줄 알았다. 시니 경기가 분주히 진행되고 내가 그랬던 것처럼 선수들이 그들만의 과장으로 소리를 지르고 있을 줄 알았다.

'길모어, 연속 숏을 날리자….'

그런데 아이 둘만이 연습하고 있었다. 아마도 동네 아이들은 따뜻한 집에서 화면 앞에 앉아 있지 않을까.

전에 한 친구가 어린 시절을 보낸 도시에서 계속 사는 것의 비극은 향수를 빼앗기는 거라고 말한 적이 있다. 어릴 때 살던 도시로 돌아가면 수십 개의 이름과 얼굴, 이미지가 한꺼번에 떠오른다.

초등학교 5학년 때 오줌 싼 여자애, 칠판지우개를 던진 선생님, 국가 〈신이시여, 여왕 폐하를 구하소서 God Save the Queen〉를 부르다 토한 남자애, 교실에 들어와 똥에 톱밥을 뿌리던 불쌍한 수위. 예쁜 여자애, 거친 남자애, 뭘 하든 변두리에서 얼쩡거리고 운동신경도 둔하고 공부에도 취미가 없고 아이들과도 어울리지 못하던 빼빼한 아이. 모두의 이름들이 끝도 없이 떠오른다.

다들 어떻게 됐을까? 소식은 거의 모르고 이따금 페이스북에서 불쑥 이름들이 튀어나올 뿐이다.

숲은 텅 비고 고요했다. 앞이 탁 트여서 이제는 요새를 만들 수도 없었다. 우리는 덤불 속 빈터에 첫 요새를 만들고 나뭇가지로 얼기설기 덮은 다음 은밀하게 가렸다. 내외부 벽을 허무는 프랭크 로이드 라이트의 건축 개념을 극단적으로 적용한 사례였다.

라이트는 폴링워터를 지으면서 유리와 돌을 다채롭게 활용해 실내 장식에 결합했다. 우리의 요새는 그보다는 더 야심 찬 설계였다. 하나는 쓰러진 나무 옆에 지었다. 아래쪽 가지를 잘라서 남은 가지에 짜 넣고 덮개를 만든 다음 그 위에 나뭇잎을 덮어서 위장했다.

나는 우리의 독창성을 자랑하고 싶은 나머지 요새가 있는 곳을 너무 많은 사람에게 보여줘서 망했다. 누군가가 다른 누군가에게 말하고 그 누군가가 동네에서 아이들을 괴롭히는 녀석에게 말해서 그 녀석이 우리 요새를 망가뜨린 것이다.

우리는 더 깊숙한 숲속에 요새를 새로 지었다. 그렇게 요새를 망치고 다시 만들면서 여름이 다 지나갔다. 어떤 때는 동생과 내가 한편을 먹고 어떤 때는 적으로 갈라섰다. 몰래 숲속으로 들어가 내 요새가 부서진 걸 보았을 때의 배신감은 아직도 잊히지 않는다.

새로 만든 요새에서 보낸 시간이 이전 요새에서 보낸 시간보다 나았던 것 같다. 이를테면 수전 톰슨이 옷을 다 벗은 순간은 예전 요새보다 새 요새에서 덜 혼란스러울, 하지만 이상하게도 더 흥분될 터였다. 동네 양아치들이 새 요새는 찾지 못할 터였다. 나만의 은신처가 되어줄 것이다.

은신처는 아이에게 꼭 필요한 개념이다. 아동 서적의 제목에 '비밀'이라는 단어가 들어간 책이 얼마나 많은지만 봐도 알 수 있다. 그리고 요새는 내가 하나의 세계를, 더 넓은 세계보다 우위의 세계, 주로 자유와 내가 좋아하는 사람들로 한정된 사회를 구축하려 한 첫 시도였다.

나는 먼저 만든 요새에서 합판을 꺼내 새 요새의 지붕을 덮고 나뭇잎으로 꼼꼼하게 가렸다. 벽 한쪽은 버려진 문짝으로 만들었다. 이렇게 튼튼하게 만들면 핵무기 공격을 막아낼 수 있을 것 같았다. 러시아는 결국 공격하지 않았지만, 8월의 어느 더운 오후에 대초원의 뇌우가 다가오자 동생과 난 이웃집 개를 데리고 요새에 들어가 웅크리고 앉아서 최악의 상황이 지나가기를 기다렸다.

우리 아이들과 집으로 돌아가면서 이런 풍경 속의 데이비드를 보았다. 복잡하지 않은 시대의 복잡하지 않은 풍경. 어느 해의 핼러윈이 생각났다. 눈이 가볍게 내리던 날, 데이비드가 떠돌이 일꾼 차림으로 마스카라를 이용해 콧수염을 그리고 짜부라진 모자를 쓰고 있었다. 나는 사자 조련사로 꾸몄다.

우리는 베갯잇을 들고 다니며 사탕을 모았다. 어떤 집은 딱 질색인 사과를 주었다. 초코바는 거의 들어오지 않았다. 데이비드는 먹으면서 걸었고, 우리는 그걸 끝내고 싶지 않아 이 집 저 집 하염없이 돌아다녔다.

데이비드가 카펫에 누워서 손으로 머리를 받치고 흑백텔레비전에서 흰색으로 깜빡거리는 〈불윙클 쇼〉를 보는 모습이 눈에 선하다. 여름에 강가에 웃자란 풀밭을 지나가면 메뚜기들이 동생 앞으로 튀어나왔다. 소독차 뒤에서 내 옆에 나란히 뛰며 해맑게 유독가스를 들이마시던 모습. 우리는 동생의 재를 서부에 뿌렸다. 여남은 명이 데이비드를 각자 한 움큼씩 나눠 쥐고서.

시간이 늦었다. 우리 가족은 와일드 우드를 가로질러 집으로 돌아갔다. 날이 춥고 어두워지고 있었다. 난 창밖에서 들어오는 빛을 볼 수 있어서 고마운 하루였다.

감사의 글

자살은 무한하고 복잡한 주제다. 자살은 북미 원주민 사회, 군인, 청소년, 노인들에게 큰 영향을 끼치지만, 이 책에서는 내가 조금이라도 경험한 범위로 한정을 지었다. 백인 베이비붐 세대의 남성 집단.

이 책은 캐나다위원회와 온타리오예술위원회의 지원 덕분에 세상에 나올 수 있었다. 시간과 전문 지식을 나눠준 모든 분에게, 즉 인터뷰에 응해준 사회학자, 정신과 의사, 자살학자, 내 친구들, 데이비드의 친구들에게 감사한다.

고된 작업을 진행하는 동안 굳건히 지지해준 여동생과 부모님께도 감사의 마음을 전하고 싶다. 초고를 꼼꼼히 읽어준 웨스트우드 크리에이티브 아티스츠의 재키 크레이저도 빼놓을 수 없다. 앤 콜린스의 훌륭한 편집과 인내, 지혜에 변함없이 고마움을 표현하고 싶다. 끝으로 언제든 아낌없이 지지해주는 아내 그래지나에게도.

KI신서 10903

강물 아래, 동생에게

1판 1쇄 인쇄 2023년 5월 19일
1판 1쇄 발행 2023년 5월 26일

지은이 던 길모어
옮긴이 문희경
펴낸이 김영곤
펴낸곳 (주)북이십일 21세기북스

콘텐츠개발본부이사 정지은
정보개발팀 강문형 박종수
해외기획실 최연순 이윤경
디자인 푸른나무디자인
출판마케팅영업본부장 민안기
마케팅1팀 배상현 한경화 김신우 강효원
출판영업팀 최명열 김다운

출판등록 2000년 5월 6일 제406-2003-061호
주소 (10881) 경기도 파주시 회동길 201(문발동)
대표전화 031-955-2100 **팩스** 031-955-2151 **이메일** book21@book21.co.kr

ⓒ 던 길모어, 2023
ISBN 978-89-509-4985-3 03180

(주)북이십일 경계를 허무는 콘텐츠 리더

21세기북스 채널에서 도서 정보와 다양한 영상자료, 이벤트를 만나세요!
페이스북 facebook.com/jiinpill21 **포스트** post.naver.com/21c_editors
인스타그램 instagram.com/jiinpill21 **홈페이지** www.book21.com
유튜브 youtube.com/book21pub